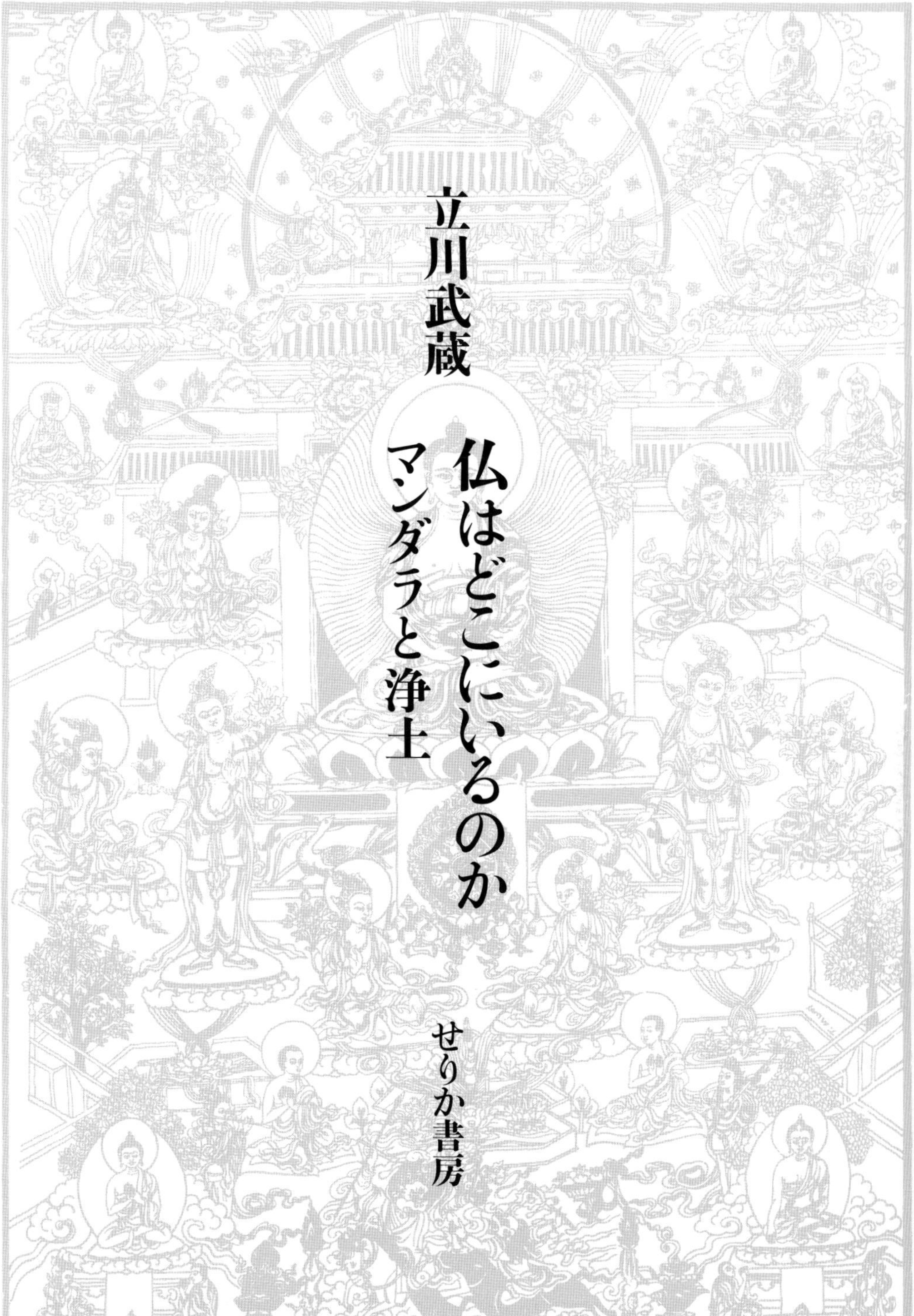

仏はどこにいるのか

マンダラと浄土

立川武蔵

せりか書房

1　スヴァヤンブーナート仏塔、カトマンドゥ

2　ブッダ。8～9世紀。パシュパティナート寺院、カトマンドゥ

3　阿弥陀仏、スヴァヤンブーナート仏塔の西龕、カトマンドゥ

4　ネワール仏教のホーマ（護摩）。スヴァヤンブーナート寺院

5　金剛界マンダラ（『タントラ部集成』22番）。19世紀。チベット

6　法界語自在マンダラ（『完成せるヨーガの環』21章）。ガウタム・ヴァジュラーチャールヤ画

7　ラトナ（宝）・マンダラ。チベット仏教ドゥク派寺院。スヴァヤンブーナート寺院境内、カトマンドゥ

8　ボードナート仏塔、カトマンドゥ

目次

仏はどこにいるのか

マンダラと浄土

はじめに

半世紀以上も前のこと、当時小学校四年生だったわたしは講談社発行で子供向けの『西遊記』を幾度も読んだ。超自然的能力を備えた孫悟空や魔神たちが雲に乗って暴れまわる世界に魅せられた。雲の果てのどこかに釈迦牟尼《しゃかむに》や観音菩薩はいるらしかったが、仏や菩薩にはあまり関心がなかった。

すこし分別ができたころ、二五〇〇年頃以前に現在のインド領の北端あるいはネパール領でシャーキャ・ムニすなわち釈迦牟尼が生まれ、仏教を開いたことを知った。シャカ族の太子として生まれ、出家し、ブッダ（覚者）となり、四五年間も弟子たちを導き、八〇歳の時、故郷を目指した旅で亡くなったという。どうしたわけか、二〇〇〇年以上も前の人間についてこれほどの行状がわかっていることは、インドにおいては他に例を見ない。ともあれ、ブッダは肉体を有した人間であったのだ。

さらに分別がついて大学で『阿弥陀経』などを読むと、そこには小学生の時に接した『西遊記』に近い世界があった。極楽浄土にいる阿弥陀仏はどう考えてもシャカ族の太子の成人したすがたではない。さらに『華厳経』という大乗仏教経典に登場する盧舎那仏《るしゃなぶつ》は、宇宙に遍満しているらしくて一人なのか否かもはっきりしない。ようするに、紀元後の大乗仏教の仏たちはシャカ族出身のゴータマ・ブッダのイメージとはかなり異なったイメージで考えられているのである。

ある時、義理の母がわたしに尋ねた。「お釈迦さんと阿弥陀さんとはどう違うのか」と。その時、すでに二〇年以上もインド学・仏教学を専攻していたはずのわたしは、即座に答えることができなかった。思いもよらぬ質問を受けたからではない。わたし自身にとっても大きな問題であったが、答えがわからないままにしていた問題だった。義理の母が亡くなって二五年近くが経った。今のわたしに答えがでたというわけではないが、この書では「お釈迦さんと阿弥陀さん」の違いについてわたしなりの理解を述べたいと思う。

わたしは浄土宗立の中学・高校に学んだが、その間に浄土教の「雰囲気」を味わうことができた。浄土教に関する今のわたしの感覚はその時に養われたと思う。だが、高校生のわたしは法然の浄土教のある点に不満だった。それは、世界の構造についての知の体系がないことだった。

大学院生になって東京の東洋文庫（財団法人）でお二人のチベット仏教僧から仏教について学ぶことができたが、その際、チベット仏教のマンダラにも接することができた。日本の浄土教に「世界の構造についての知の体系」がないと考えていたわたしにはマンダラが世界の構造について語っているものと思えた。また、わたしは三〇歳以前にアメリカに留学する機会を得たが、その際、論文のテーマとしてヒンドゥー教の実在論哲学における世界構造にかんするものを選んだ。チベット仏教のマンダラやヒンドゥー教実在論の研究を通じて、わたしは世界構造にかんする知の体系が人間の行為の前提として必要だと確信するようになった。それ以後もこのような観点からわたしはマンダラにかんする研究を続けてきた。本書におけるテーマの一つは、密教がマンダラを通じてどのような世界観を示しているかである。

マンダラには仏や菩薩が住む館はあるが、ヒマラヤ山脈もなければ、ガンジス河もない。さらにはわれわれ人間も現れない。それで世界といえるのか、とこれまでに幾人かの人から質問を受けた。たしかに、マンダラには山も河もなく、畑も町もない。では、マンダラが示す「世界」とはどのような意味の世界なのか、これも本書が答えようとする問である。

本書では釈迦牟尼と阿弥陀仏の違いを考える、と先ほど述べたが、阿弥陀仏と大日如来の違いも問題である。最も代表的なマンダラである金剛界マンダラの中央には大日如来が登場し、その西側（マンダラ図では中尊の上）に阿弥陀仏がいる。この阿弥陀仏は『阿弥陀経』に現れる阿弥陀仏のように極楽浄土に住む仏ではなく、その働きも異なっている。歴史的にはブッダ（仏陀）は釈迦牟尼あるいはゴータマ・ブッダ一人のはずなのだが、仏教の経典や論書には夥しい数の仏が現れてくる。それらの仏たちはすがたも働きも異なる。このような仏のすがたや働きの変容をどのように理解すべきなのであろうか。

もしかすると、このように異なって現れる仏たちは実は「仏」のさまざまな側面を見せているのであって、釈迦牟尼も阿弥陀仏も大日如来も同じ仏なのかもしれないのである。本書の主要テーマは、ブッダが歴史の中でどのような側面を鮮明にしていったのかである。

第一章では、主としてインド仏教史におけるブッダ（仏《ぶつ》）のイメージの変容を見てゆく。当初は人間のすがたで表現されることのなかったブッダが、やがて比丘《びく》（出家僧）のすがたで表され、次にはきらびやかな衣をまとうようになる。さらに多くの手（臂《ひ》）を持ち、さまざまな武器を持つようになった。これらの変化はなぜ起きたのであろうか。仏教はその歴史の中でブッダのイメージを変えざるをえない時代状況の中にあったにちがいないのである。

第二章では、さまざまな仏たちがマンダラの中に登場する様をカトマンドゥ盆地に残るマンダラの中に見てゆく。カトマンドゥ盆地のネワール人の間にはインドから伝えられた仏教タントリズム（密教）が多分にインド的要素を残しているので、そこではマンダラが実際どのような儀礼に用いられているかを示したい。

インドのマンダラは主として大乗仏教の後期において作られたが、第三章では、マンダラ成立の三つの歴史的要因を考察した。三つとは、インド大乗仏教において、仏・菩薩たちのイメージが造形作品として表現されたこと、世界構造にかんする関心が高まったこと、および儀礼を積極的にとり入れようとしたことである。第一の要因である図像化された仏・菩薩たちが第二の要因である館つまり世界に並ぶものがマンダラであるが、これに対して第三の要因である儀礼・実践がなされるのである。また、仏たちと彼らが住む宮殿との複合体であるマンダラは聖化された（聖なるものとしての意味を与えられた）世界であることも忘れられてはならない。

第四章においては、初期大乗仏教における浄土教と密教におけるマンダラの伝統とがどのような関係にあるかを考え、さらに大乗仏教においては、仏にいくつかの様態があることを明らかにした。釈迦牟尼、阿弥陀仏、大日如来などは一人の仏の異なる様態なのである。

ここで仏《ぶつ》、ブッダ、仏陀、ほとけ、神などの語について説明しておきたい。シャカ族の太子ゴータマ（ゴータム、ガウタム）は悟りを開いてブッダ（覚者）となった。「仏陀」とは「ブッダ」

の音写である。ブッダは時代を経るに従ってさまざまなすがたで表現された。六世紀頃までにはインド仏教ではさまざまな「神々」によって構成されるパンテオン（神々の組織）ができあがった。すなわち、ブッダ、菩薩（ボーディサットヴァ、悟りを得るために修行している者）、女神、忿怒尊《ふんぬそん》（不動明王のように恐ろしく、怒ったすがたをとる神々）、天（日、月、帝釈天、梵天など）を構成メンバーとする組織である。ここでいう「神」は、パンテオンのメンバーという意味であり、帝釈天、梵天など元来はヒンドゥー教の神であったものも、仏（ブッダ）も含めて指すことばとして用いている。もっとも、日本の場合は神道との関連もあり、「神」という語を仏・菩薩を指すことばとして用いることには難しいものがある。一般には「神」は帝釈天、梵天を指すことはあっても、釈迦牟尼や阿弥陀を指し示す語としては用いられない。

後世、日本仏教のパンテオンの組織は、「仏、菩薩、明王、天」と呼び慣わされてきた。この場合、女神は菩薩や天の中に組み入れられた。「仏《ぶつ》」は仏教パンテオンの中で覚者としてのブッダ（仏陀）を指し、菩薩や忿怒尊などを指すことはない。

「仏」という漢字を「ほとけ」と読むことは可能ではあるが、本書ではほとけとは読んでいない。「ほとけ」は、本書では仏教パンテオンメンバーという意味で用いる。仏教的な響きがあるゆえに、「神」という語の有する難点を避けることができるかもしれない。だが、一方では、日、月、自在天（シヴァ神）、吉祥天などの「天」をほとけと呼ぶのには抵抗があるかもしれない。仏教パンテオンのメンバーを指す語として「尊格」という語が使われることがあり、本書においても用いることがあるが、日本語として熟した語ではない。インド仏教タントリズム（密教）のサンスクリット・テキストではここでいう神々の組織（パンテオン）を意味する語はない。仏、菩薩などを指す語としては「デーヴァ」つまり「神、尊格」という語があるのみである。

以上の理由によって、本書では「仏」という漢字はブッダ（仏陀）を意味し、「ほとけ」あるいは「尊格」という語は仏教パンテオンのいずれのメンバーをも指している。仏教のみならず、他の宗教のパンテオンが問題となる場合にはそのパンテオンのメンバーを指すと語として「神」という語を用いたい。

第一章　姿を変える仏たち

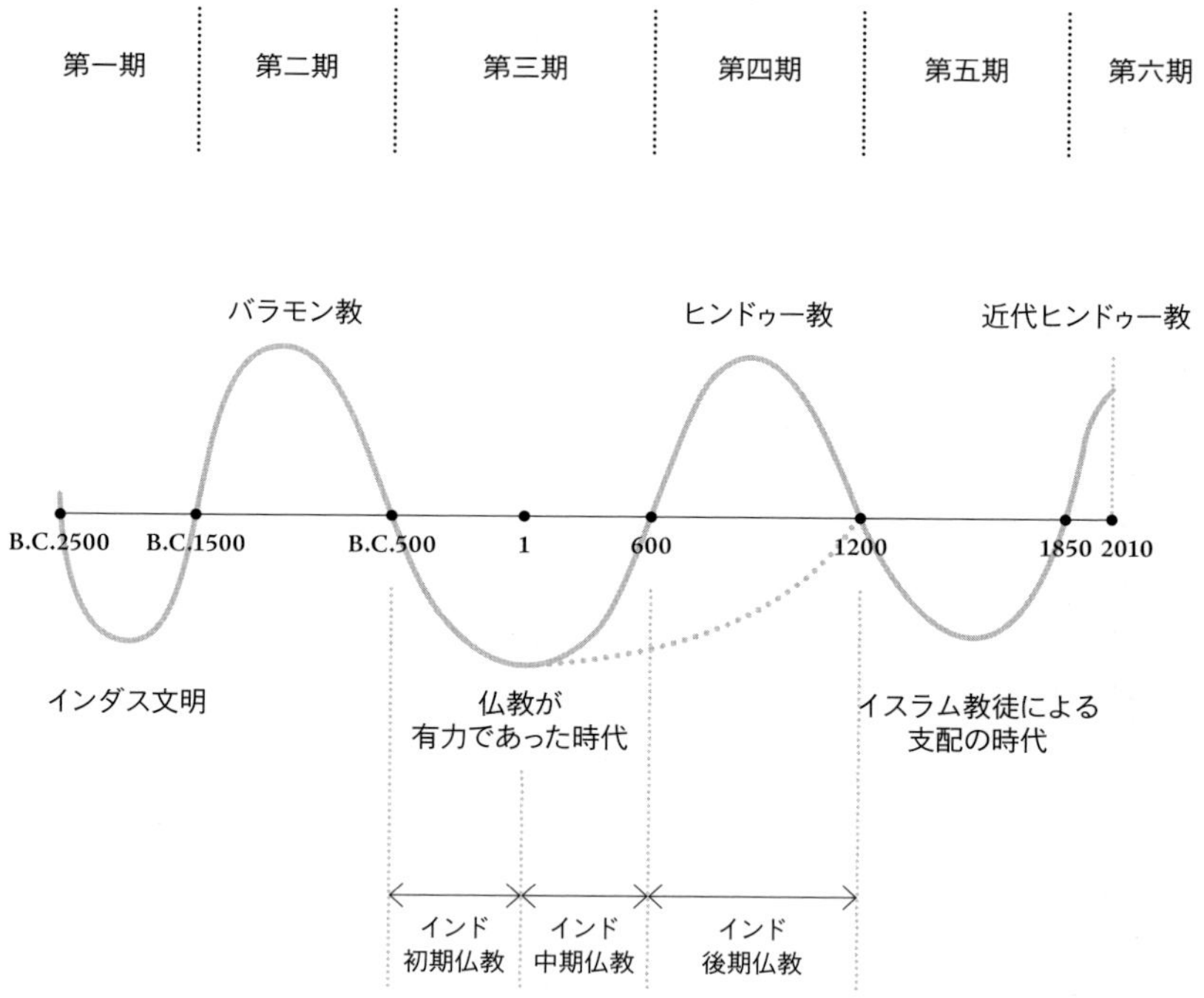

図I-1　インドにおけるヒンドゥー教と仏教

インド精神史の時代区分

インド精神史は六期に分けることができます（図Ⅰ－1）。第一期はインダス文明の時代ですが、この時代は紀元前二五〇〇年頃～一五〇〇年頃といわれています。これはインダス河流域に栄えた都市文明の時期なのですが、この都市文明をインドに侵入したアーリア人たちが征服したのか、この文明が滅亡した後にアーリア人がやってきたのか、あるいは数百年の間、両者が共存したのかはよくわかっていません。ともあれ、おそらくカブール谷のあたりからであったと思われますが、アーリア人がパンジャブ（五河）地方に侵入してきます。この侵入の時期はこれまで紀元前一五〇〇年頃といわれてきましたが、最近では紀元前一九〇〇年頃あるいは紀元前二〇〇〇年頃であったという説も出ております。アーリア人がヴェーダ聖典を中心に儀礼を行った時期が紀元前一五〇〇年頃（あるいはそれ以前）から紀元前五〇〇年頃までですが、この時期が第二期の「ヴェーダの宗教の時代」あるいは「バラモン教の時代」です。

西北インドに侵入したアーリア人は、千年をかけて東インドに向けて移動していきました。アメリカにおける西部開拓史のように、インド・アーリア人たちはインド平野を開拓していったのです。東インドに到着した頃には、彼らの生産形態や生活形態が変わっており、ヴァーラーナシー（カーシー）などの多くの都市ができ、人々は農業を中心とした生活を営むようになっていました。また、彼らの人生に対する考え方にも変化が起きました。自分あるいは自己の運命、死などを考える余裕が出てきたのです。「自分の肉体がなくなれば、自分はどうなるのか」、「死なねばならない運命にどのように対処すべきか」というようなことを考える余裕が都市生活者の間に出てきました。

このような状況のなかでブッダ（釈迦）の仏教が誕生したのです。ジャイナ教の開祖ジナもほとんど同じ時代の人です。ブッダやジナの問題は、死なねばならぬ運命にある個々人がどのように精神的救済つまり悟りを得るのかということでした。仏教とジャイナ教が比較的勢力を保った時代は第三期、すなわち紀元前五〇〇年頃から紀元六〇〇年頃までです。この間、特に紀元前三〜二世紀から紀元四〜五世紀頃まで、インド商人たちはローマ世界との交易を通じて財を蓄積しました。共通通貨を設け、財を蓄積し、その財によって商人たちは仏教をサポートしたのです。

しかし、五世紀半ばに西ローマ帝国が滅び、グプタ王朝も六世紀に滅びますと、インド商人たちは力を失っていきました。六世紀頃、それまでに徐々に台頭してきたヒンドゥー教の勢力は仏教のそれと拮抗するようになり、七世紀頃にはヒンドゥー教の力が仏教のそれを凌ぐようになります。カースト制度が社会の枠組みとして制定されるのは、六〇〇年頃以降であったと推定されますが、ヒンドゥー教はカースト制度を「畑」としています。つまり、カースト制度のないところでヒンドゥー教は、例えばカーストの違いがほとんど問題とならない、今日のニューヨークのインド人社会のような場合を除いて、育たないのです。七世紀頃にカースト制度が社会の枠組みとして機能しつつあったことも、当時のヒンドゥー教が勢力を増したことを示しています。

このように、仏教の力が衰えるとともに、アーリア系文化を基調とするヒンドゥー教が勢力を強めていきます。一二〇〇年頃以降、インドはイスラム教徒の政治的支配を受けることになります。この六〇〇年頃から一二〇〇年頃までの間の時代を第四期「ヒンドゥー教の時代」と呼んでいます。一方、この時期の仏教徒たちは自らの勢力が衰えていくのを感じながら、起死回生を計りました。仏教徒たちのそのような努力の一端が「マンダラを中心とした密教」なのです。

インドがイスラム教徒の政治的支配を受けるようになってからも、一九世紀半ば頃までの時期、つまり、第五期においてヒンドゥー教はそれなりの力を持っておりました。そして、一九世紀の中葉からヒンドゥー教は復興して今日に至っています。これが第六期です。

今、述べたインド精神史の六期のうち、第三～四期すなわち紀元前五、四〇〇年～紀元一二〇〇年頃の千数百年間インドに仏教が存続しました。その間のインド仏教史を三つに分けることができます。すなわち、仏教誕生から一世紀頃までをインド初期仏教の時代、その後、六〇〇年頃までを中期仏教の時代、そして六〇〇年頃～一二〇〇年頃までを後期仏教の時代と呼ぶことができます。インドにおける仏教の中期および後期は、大乗（マハーヤーナ）仏教が勢力を有した時代ですが、後期仏教の時代においては大乗仏教の一部としてタントリズムすなわち密教がかなりの位置を占めました。「タントリズム」という語と「密教」という語を同じ意義に使うことにかんしてはご批判もあるのですが、ともかくここではそのようにさせていただきたいと思います。また、密教あるいはタントリズムと呼ばれるものは仏教以外、つまりヒンドゥー教にもジャイナ教にもあります。しかし、ここではこのタントリズムという汎インド的な宗教形態のうち、仏教の中のタントリズムに限って述べます。

わたしたちが密教（タントリズム）と呼んでいる形態は、インド精神史における大きな転換期である六〇〇年頃の少し前から生まれています。例えば、有名な『般若心経』は紀元三〇〇年頃～三五〇年頃にできあがったと考えられます。この経典の最後に見られる真言の重視は明らかに密教の重要な要素ですから、四世紀前半にすでにインドで仏教タントリズムの芽があったと考えられます。

タントリズムの時期は、三つの時期に分けることができます。六〇〇年頃までの初期タントラ経典の時代を初期タントリズムの時代と呼び、六〇〇年から一〇〇〇年余りの期間を中期タントリズムの時代、その後一二〇〇年頃までを後期タントリズムの時代と呼ぶことができます。一三世紀初頭はインドにおいて仏教の主要な大僧院が破壊されていた時でした。一三世紀初頭からインド大乗仏教は急速にインド亜大陸から消滅していきますが、一方では、僧院に住むことなく妻帯していた密教行者たちも存在したと思われますので、一三〇〇年あたりまで、あるいはその後も、インドに密教が残っていたことでしょう。そうではあるのですが、ここでは一応インド仏教は「一二〇〇年頃まで」ということにいたします。

ブッダの遺骨

仏教の開祖ゴータマ・ブッダ（釈迦）のイメージは、今日までいろいろな地域でさまざまに変わってきました。まずインドおよび中央アジアの仏教におけるブッダのイメージの変容についてみていきましょう。

図Ⅰ-2　ブッダの遺骨と推定されるもの。インド国立博物館（ニューデリー）

初期仏教の時代、ブッダがおられた頃あるいはブッダが亡くなって一、二世紀の間はブッダが人間の姿で表されることはありませんでした。「聖なる」者が人間の姿で表現されないということは、インドにおいては特に珍しいことではありません。仏教の誕生以前、紀元前二〇〇〇年あたりから約一〇〇〇年の間はヴェーダ聖典を中心とした宗教が勢力を持っていました。当時は、例えば、ホーマ（護摩）、すなわち火の中に供物を入れるといった儀式が行われていましたが、その際、神々の彫像は用いられませんでした。ホーマなどの儀式において用いられないというよりも、ヴェーダの宗教においてバラモンたちは神々を彫像に作ったり図像に表したりするということはなかったのです。

一九八五年のことだったと記憶していますが、ニューデリーの国立博物館を訪れたときのことです。

仏像など仏教関係の作品が展示されているセクションに「ブッダの遺骨」を展示するコーナーがありました（図Ⅰ－2）。何気なくのぞいてみましたが、たしかに誰かの骨です。本当にブッダの遺骨なのか、にわかには信じられませんでした。

この骨の入った容器は一九世紀の終わりに北インドのネパール国境近くのピフラハワで発掘されました。今日ではおそらくブッダの遺骨であろうと考えられています。

名古屋市の覚王山には日泰寺《にったいじ》がありますが、日泰寺とは日本とタイのお寺ということです。明治時代にタイの王室から日本にほんの少しのブッダの遺灰を譲り受けて、それを祀る寺として日泰寺を建て、仏塔を作りました。日泰寺にある遺灰は、ピフラハワで発見された遺骨の一部をタイ王室が譲り受け、またその一部を日本が譲り受けたものだとのことです。近代日本におけるインド哲学・仏教学の文献学的方法を確立された宇井伯寿先生（東北大学および東京大学教授を経て名古屋大学大学院講師）が「ほんのわずかの灰だった」と語っておられたということを聞いたことがあります。

ブッダが涅槃に入ったことは仏教徒にとって核心的なことです。涅槃に入ることによってブッダは輪廻の世界から脱出したのです。すなわち、涅槃に入ることによって「死ななければならないという人間の運命」を克服する方法を示したのです。逆説に聞こえるかもしれませんが、ブッダは、死ななくてはならないという人の運命を克服する方法を涅槃すなわち「死」へと入ることによって示したといえます。

ブッダの遺骨をどのように考えるかということは仏教徒にとってきわめて重要です。ヒンドゥー教徒やジャイナ教徒に較べて仏教徒にとって遺骨崇拝はよりいっそう重要な意味を持っています。
『大般涅槃経《だいはつねはんぎょう》』（ブッダ最後の旅）と呼ばれている経典には、ブッダの遺体が荼毘《だび》に付された時に雨が降ってきて、クシナーラーの町の住民たちも香りの良い水をかけたとあります。水をかけたのは遺骨を採るためだったのでしょう。ニューデリーの国立博物館所蔵の骨を間近で見ますと、荼毘の途中で水をかけたのではないかと思われる跡がありました。もっともこの骨がブッダのものであるという確証はないのですが。ブッダが亡くなった後、八つの部族が参集し、遺骨を八つに分け、それぞれの部族が仏塔（ストゥーパ）をつくって祀ったといわれています。少なくとも釈迦（シャカ）族およびその近隣の部族たちの間には遺骨崇拝の伝統があったということが分かります。

ブッダの荼毘のような大掛かりなものではなかったとしても、当時、ブッダ以外の者の場合にも遺骨が拾われ祀られたことがあったと考えるべきでしょう。もともとストゥーパとは仏教徒の専有ではなく、仏教の誕生以前にも豪族の墓として作られていたものでありました。バラモンたちの家庭における儀礼の作法をまとめた『グリフヤ・スートラ』には、ストゥーパが村のはずれに作られていたことが記されています。

ニューデリーの国立博物館におけるブッダの遺骨の展示では、綿花の上に並べられていたいくつかの骨片の中にたしか犬歯と思われるものがありました。もしもあれが本当にブッダの遺骨であるならば、ブッダはとんでもなく大きな犬歯を持っておられたことになります。八〇歳まで弟子と共にインド平原を遊行されたのですから、途方もなく壮健な方であったと思われます。

スリランカにはブッダの歯を祀った仏歯寺があります。ブッダの歯を拝むことによってご利《り》益《やく》を得られると思って毎日多くの参拝者が訪れています。スリランカのみならず、インドや東南アジアにはブッダの歯に対する信仰が続いてきました。通常、骨は肉と皮膚によって取り囲まれており、外から見ることはできない肉体の深奥部です。歯は唯一外から見ることのできる骨であり、さらには外界と直接触れる機会の多い部分です。また骨の中でもきわめて堅く、長期間存続する部位であります。

チベット仏教のゲルク派の開祖ツォンカパの遺体は防腐処理を施されてこの学派の大本山であるガンデン寺に祀られていました。文化大革命のときにその遺体は破壊されたそうです。かつてわたしはツォンカパの歯型を写して乾燥させたチーズを見たことがあります。チベットでは石のように硬くなるチーズが作られます。何の変哲もない歯型でしたが、遺体から覗く歯にチーズを押し付けた後、乾燥させたものとのことでした。わたしはひそかに思いました。もしも一五世紀の始めに亡くなったかのチベット仏教最大の聖者の歯形の付いたチーズを食べたならば、どのような感じがするのだろうかと。

遺体とは、わたしにとって畏怖の感情を起こさせるものの代表です。死んだ肉体、とくに人間の死体は、死というものがまさに眼の前に起きた具現です。もっとも、死と死体とは別物だ、ということもできます。「死体」とわれわれが呼んでいるものには死はすでにありません。というのは、死んでしまったものにはすでに死は存在せず、それまでとは異なった物体として存続しているにすぎない、と考えることも可能だからです。そうではあるのですが、わたしには遺体は理屈抜きでおそろしきものです。

カトマンドゥ盆地にいたときのこと、ヨーロッパからやってきていた一人の若者がわたしに塩の小さな塊を見せました。それは彼のチベット仏教の師（ラマ）の遺体を「塩漬けにした」際に染み出てきた体液を吸い取った塩の一部ということでした。彼にとってはその塩はまさに「聖なるもの」であったのですが、少し黄色に染まった塩に触れてみないかと眼の前にさし出されたときには、わたしは手をひきました。

仏塔（ストゥーパ）

日本では仏教といえば仏像を思う人が多いことでしょう。しかし、インド、ネパール、チベット仏教圏では、仏教といえばまず仏塔です。東南アジアにおいても仏像はもちろんありますが、東南アジアの仏教徒にとっては仏像よりも仏塔の方がより基本的なものです。仏塔はブッダの滅後、すぐに作られましたが、仏像はブッダの死（仏滅）後、三、四世紀後に作られました。仏教史を通じて仏像のなかった時代はありますが、仏塔のなかった時代はありません。

現在、インドには紀元前から紀元一、二世紀までに建立された初期の仏塔がいくつか残っています。例えば、中インドのサーンチー、マハーラーシュトラ州のバージャー石窟やカールラー石窟（図Ⅰ－3、4）などに残された仏塔からは当時の仏塔の規模を知ることができます。

またインド各地の博物館にも石あるいは金属でできた仏塔あるいは浮き彫りに表現された仏塔が数多く残されています。ニューデリーにある国立博物館には、二世紀頃のものと考えられるストゥーパ（仏塔）があります（図Ⅰ－5、6）。仏塔とはブッダの涅槃のシンボルです。この仏塔には卵の上に逆ピラミッド形の平頭《へいとう》（ハルミカー）と呼ばれるものがついていますが、こ

図Ｉ－３　カールラー石窟入口

図Ｉ－４　カールラー石窟の中の仏塔（ストゥーパ）

の仏塔の基本の形は卵です。ブッダの滅後、ブッダは人間の姿に表されることなく、当時、ブッダを礼拝しようとすれば人々は仏塔などのシンボルを礼拝していたと考えられます。

図Ｉ－７の作品は実に古いものであり、おそらく一世紀頃のものと考えられますが、ベルリンのインド博物館に所蔵されています。人々は丸い環のようなものを持っています。これは多くの花を糸でつないで花環にしたものです。ブッダを礼拝する際、人々はこの花環を持って仏塔に掛けていたことが分かります。仏塔などの「聖なるもの」にたいして花などの供物を捧げる行為はプージャーと呼ばれ、伝統的には「供養」と訳されてきました。「プージャー」は文字通りには供物を捧げることによって神などを「養い」その力を増大させることをいいます。

図I－5　仏塔（ストゥーパ）。インド国立博物館（ニューデリー）　図I－6（下）図I－5仏塔（部分）

図Ｉ－７（右） 仏塔に花環を捧げる人々（一世紀）。
サーンチー。インド博物館（ベルリン）
図Ｉ－８（左） 仏塔を飾る人々（三世紀頃）。
ナーガールジュナコンダ。インド国立博物館（ニューデリー）

図Ｉ－８の作品は、少し時代が下って、三世紀頃のものです。ニューデリーの博物館の所蔵品です。人々が仏塔を礼拝している様がよく描かれています。

茶毘が行われた地に木を植えることがインド古来の習慣として行われていたといわれます。古来、さまざまな国の死者儀礼にあって木はしばしば重要な役を果たすのですが、図Ｉ－９でも木が聖なるものとして礼拝されています。茶毘塚の上に木を植えることもよく行われていました。というよりも、仏塔の上部である平頭は、元来は樹木の周りの柵をデザインしたものと考えられます。図Ｉ－９はコルカタのインド博物館にあるもので、紀元前一世紀頃の有名なバールフト仏塔の周りの欄楯《らんじゅん》（垣根）に彫り込まれたレリーフです。ここでは人々は聖樹を礼拝しています。

図Ⅰ-10では、椅子つまりブッダの座はありますが、ゴータマ・ブッダのすがたはありません。人々は手を合わせて礼拝をしています。椅子の上部に法輪がありますが、この法輪はブッダの説法のシンボルです。これは一世紀～三世紀のものと考えられます。

初期仏教においてブッダが歴史的な人間、歴史的な存在であったことは知られていたのですが、すでに述べたように、ブッダを人間の姿に表すことはありませんでした。それは、人間の姿に表すことがブッダの力なり威厳を損ねるのではないかと、人々がおそれたためと考えられます。今日、ユダヤ教とかイスラム教において神を人間の姿で表すことはありません。

図Ⅰ-9（右）ブッダのシンボルとしての樹を礼拝する人々。紀元前一世紀頃。バールフト。インド博物館（コルカタ）
図Ⅰ-10（左）ブッダのシンボルとしての椅子。紀元前一、二世紀頃。アマラーヴァティー。インド国立博物館（ニューデリー）

図Ⅰ－11　タートルアン仏塔。ラオス

図Ⅰ－11の仏塔は、ラオスの首都ヴィエンチャンにあるラオス最大の仏塔タートルアンです。この仏塔がいつの頃の造営かははっきりしませんが、この地の伝承によれば、ここに仏教寺院が紀元三、四世紀からあったそうです。現在の形に近いものができあがったのは、一二世紀あるいは一三世紀以降のことだと思われます。現在でも東南アジアの仏教では仏塔が大きな位置を占めます。

紀元一世紀に、ブッダは人間の姿で表されるようになりますが、仏塔の重要性がなくなった、あるいは減少したわけではありません。インド、チベット、ネパールおよび東南アジアの仏教史においては仏塔の重要性は今日に至るまで失われていません。

それらの地において人々は仏塔を見てブッダを思い出します。日本における仏塔の意味はインド、ネパールなどの場合とは異なっています。日本における五輪の塔とか仏塔は一般の人の墓として機能する場合が多いのです。もっとも最近の東南アジアでは一般の人の墓としての仏塔も多く建てられています（図Ⅰ－12）。

日本の仏教寺院の境内にはしばしば三重塔や五重塔（図Ⅰ－13）などの仏塔がありますが、それらの屋根の一番上にお椀を伏せたような小さなものがあります。インド的伝統から考えるならばこれが仏塔の本体であり、「アンダ」（卵）と呼ばれています。三重塔や五重塔のほとんどの部分は仏塔の基壇であり、仏塔の本体は小さな椀を伏せたようなもの（伏鉢）です。椀を伏せたようなもの、これは卵であり、元来は世界を意味するのですが、この世界という意味が日本仏教ではほとんど消えています。

図Ⅰ－12　墓としての仏塔。タイ、バンコク

図Ⅰ－13　日本の仏塔。薬師寺

ジャータカ（本生物語）

ブッダの滅後二、三世紀を経ますと、ジャータカ（本生物語《ほんじょう》）が盛んに作られるようになりました。ジャータカとは、文字通りには「〔ブッダの〕出生（ジャータ）に関する物語」を意味しますが、内容的にはブッダの前世を語る物語です。ブッダの在世当時にも輪廻説が存在したことは確かなのですが、ブッダ自身は輪廻説をほとんど取りあげませんでした。しかし、時が経ちますと、シャカ族の太子として生まれたあの生涯の前世が何であったか、を人々は考えはじめ、ブッダつまり釈迦の前世をテーマにしてさまざまな物語をつくるようになりました。つまり、釈尊にも前世があったのだと人々が信じ始めたのです。

図Ｉ－14はアジャンタ石窟の第一七窟に残っている「象本生物語」の壁画です。この物語はおそらくグプタ朝成立（三二〇年頃）以前にまとめられた本生物語集である『ジャータカ・マーラー』第三〇番に見られます。難民たちが旅をしていると象に出会います。難民たちが水がどこにあるかを象に尋ねたところ、象は水のありかを教えて、付け加えます。「向こうに象が死んでいます。あなたたちはその象を食べたらよいでしょう」。象は先回りをして、水のある所で自らを殺して横たわります。水のある所に着いた難民たちは、水を飲み、象の肉をバーベキューにして食べたという話ですが、実はこの自分の命と肉体を捧げた象は修行中の菩薩としてのブッダ、つまりブッダの前世だったというのです。このような自己犠牲によって功徳を積んだ菩薩は次の世ではブッダ（覚者）となった、とジャータカ物語は説きます。出家して悟り、人々のために働き、涅槃に入ったというブッダの生涯を、自己を捧げて人々のために尽くした生涯であった、というように人々はブッダの生涯を解釈してジャータカ物語を作ったのです。

ジャータカ物語はブッダの過去世と今生の物語であって、来世のブッダの物語ではありません。涅槃に入られる前のブッダが語られているのです。しかし、人々は次のように考えはじめました。「シャカ（釈迦）族の太子として生まれブッダ（覚者）となられた方の肉体は消滅してしまったが、ブッダご自身はどこかにいてまた説法をしているのかもしれない、あるいはブッダはまた姿を現してわれわれを導いてくださるに違いない」と考えはじめました。つまり、涅槃に入られた後のブッダの働きが問題とされるようになったのです。

紀元前後に大乗仏教が台頭しますが、その後しばらく経つと、仏教はそれまでとは異なる新しいブッダ観を有するようになります。つまり、ブッダが再び自分たちの前に姿を見せてくださるに違いないといった信仰が大乗仏教徒の中に生まれたのです。阿弥陀あるいは大日といった仏たちは、そのように期

図Ⅰ-14　象本生物語（ジャータカ物語）。アジャンタ第一七窟

待し望んだ人々が、シャーキャ・ムニ（シャカ族の聖者）のかの生涯を解釈し直すことによって生み出した仏の姿です。

ガンダーラ様式の仏像

ガンダーラ地方（パキスタン北部）において紀元一、二世紀に、人間の姿を採ったブッダが造形作品として表されるようになりました。図I－15の像では流麗な衣の襞とギリシャ風の造りが特徴となっています。この地方の作品では写実的な姿でブッダが表現されています。

図I－16の作例もガンダーラ様式を有していますが、ここでは、ブッダは右手の先を大地につけています。シャカ族の太子が魔すなわち煩悩を打ち負かして悟りを開きブッダ（目覚めた者）となったときの様子を、このような仕草（触地印）によって表すことになっています。図I－15の場合と同様、この図I－16および図I－17に見るように、ガンダーラ仏の表現は一般に写実的です。図I－17の中央には、赤子が描かれていますが、ブッダの誕生の場面でありま す。ここでブッダは超人的な神としては描かれてはいません。

図I－18の作品は、先ほども触れたベルリンのインド博物館にあるものですが、三世紀頃のガンダーラ様式の作品です。このレリーフではブッダの顔は布に覆われています。涅槃に入られた、つまり亡くなられたブッダの顔を人目にさらすべきではない、という感じ方を表現したものと思われますが、涅槃に入られたブッダの顔をこのように布で覆っている作例は珍しいものです。オックスフォード大学付属のアシュモレアン博物館にはガンダーラ様式の涅槃図のレリーフが所蔵されています。プレートには紀元一世紀頃と記されていますが、この作品ではブッダの顔は布で覆われてはいません。三世紀頃になりますと、今まで描かれなかった涅槃に入った姿のブッダが描かれることになります。それ以前は仏の涅槃は仏塔によって表されていましたが、人間の姿のブッダが涅槃に入ったときの姿が描かれるまでには、ブッダの滅後、幾世紀もの時間が必要だったと考えられます。

図I-15　ブッダ。紀元一、二世紀。ガンダーラ。インド国立博物館（ニューデリー）

図Ⅰ－16（上） 悟りを開いたブッダ。三世紀。ガンダーラ。インド博物館（ベルリン）
図Ⅰ－17（下） ブッダ誕生。一、二世紀。ガンダーラ。インド博物館（ベルリン）
図Ⅰ－18（左頁） ブッダ涅槃。三世紀。ガンダーラ。インド博物館（ベルリン）

マトゥラーなどの仏像

デリーから南の方角に百数十キロメートル行ったところにマトゥラーという町があります。ここを中心に一世紀頃、造形運動がおこります。マトゥラーでは仏教のみではなくヒンドゥー教やジャイナ教の「神々」の像も作られました。一方、ガンダーラ地方では、題材が仏教に限られており、その後ガンダーラの様式がインドに長く残ることはありませんでしたが、マトゥラー様式はこの後のインドの造形運動の核となっていきます。

図I-19はマトゥラー様式の仏三尊像で、マトゥラー近くのアヒチャトラー出土のものです。年代は約二世紀頃といわれています。ガンダーラ様式にあっては着物の襞が強調されますが、マトゥラー様式の場合、この作例に見るように着物の襞が目立つということはほとんどありません。

図I-19　ブッダ三尊像。アヒチャトラー。インド国立博物館（ニューデリー）

図Ⅰ－20はマトゥラー様式に似たサールナート様式の仏像です。比丘つまり出家僧の姿で描かれています。ガンダーラ様式の仏像に見られた衣の襞はほとんど見られません。マトゥラーの彫像は赤い砂岩に彫られることが多いのですが、この像の場合は淡い黄土色の砂岩に彫られています。ネパールでも八、九世紀には美しいブッダ像が作られています（口絵2）。

七、八世紀には『大日経』（紀元七世紀頃編纂）の叙述に見られるように、ブッダは髪を結い、煌びやかな天衣をつけ、胸飾りや腕輪をつけたイメージで考えられるようになります。さらに

図Ⅰ－20　ブッダ。五世紀頃。マトゥラー。インド国立博物館（ニューデリー）

図I－21　冠をつけたブッダ。一〇世紀頃。東インド。インド国立博物館（ニューデリー）

時代が下ってきますと、図I－21のように冠をつけた姿のブッダも登場します。この像は一〇世紀頃のものです。このような冠を被った仏は「本初仏」（アーディブッダ）と呼ばれています。世界の始原から存在していた仏を意味しますが、「世界の始原から」という考え方は仏教本来の伝統からはいささか外れているように思われます。

図I－22（左頁）　宇宙を身体とするブッダ（コズミック・ブッダ）。一〇世紀頃。コータン。インド国立博物館（ニューデリー）

図I-22はニューデリーの国立博物館にある、中央アジアのコータン出土のもので、九〜一〇世紀のものですが、この頃になりますとブッダが宇宙論的に考えられています。中央アジアでは、宇宙的つまり宇宙全体を覆うような姿のブッダが表されることが多くなります。いわゆるコズミック・ブッダです。宇宙的ブッダのイメージがインドにおいて見られないわけではないのですが、中央アジアの方に多くなる理由ははっきりしません。

図I-23　仏塔より現われるブッダ。エローラ第一〇窟

九、一〇世紀には東アジアの仏教においては自然および人間を含めた世界がそのまま仏のすがたであるという考え方が顕著になります。このような傾向と、中央アジアにおけるコズミック・ブッダとは関係するのかもしれません。

仏塔の話に戻りますが、図I-23の仏塔はエローラの仏教窟第一〇窟のものです。この窟院は八、九世紀の造営と考えられます。仏像の後に仏塔が見えます。仏塔もその前の仏像も同一の巨大な岩から彫り起こされたものですが、仏塔の前にこういった仏像が作られるようになります。このように側面から仏が現れる仏塔はアジャンタ（アジェーンター）第二六窟にも見られます。

人々は土饅頭のようなあるいは卵のようなイメージに満足することなく、その仏塔からブッダが人間の姿をとって現れることを期待して、あるいは現れていると考えて、そのイメージを造形作品に残すようになったのです。仏塔から仏が現れることは、すでに『法華経』（紀元三〇〇年頃に成立）に述べられています。仏塔にはブッダの遺骨が収められています。遺骨とは死者つまりブッダの肉体の名残りであり、仏教徒たちはその遺骨から元の肉体を有したブッダがよみがえることを願ったのです。『法華経』を編纂した人々にとっては、仏は『阿弥陀経』におけるようにこの娑婆世界から遠く離れたところにいるのではなくて、われわれの住む娑婆世界に住むのです。

カトマンドゥ盆地の仏塔

図Ⅰ－24の仏塔は、カトマンドゥ盆地の東部にあるボードナートと呼ばれる仏塔です。この仏塔の特徴は、平頭の部分に目と鼻が描かれていることです。仏塔の平頭に目と鼻が描かれていることは少なくともアジャンタやエローラの石窟では見られません。

ボードナート仏塔には多くのチベット人が参拝に来ます。このあたりには多くのチベット人たちが住んでおり、ゲルク、カギュ、サキャ、ニンマなどのチベット仏教諸宗派の僧院が見られます。この仏塔の名前はチベット語で「チャ・ルン・カー・ショル」といいます。この名称の由来を語る話が伝えられています。あるお婆さんがこの地に仏塔を建てたいと地主に申し出

図I-24　ボードナート仏塔、カトマンドゥ

ます。するとその地主は「建てても（チャ）良い（ルン）と口（カー）が滑った（ショル）」と伝えられています。それならば、ということで、そのお婆さんはとんでもなく大きな塔を建ててしまったそうです。チベット人たちがカトマンドゥを訪れるときにはまずこの仏塔に参拝するといわれています。

この仏塔がブッダの身体と考えられていることに注目しましょう。先ほどの図I-23の場合には、仏塔の側面からブッダが出現したのですが、図I-24では仏塔の平頭そのものに目鼻がついています。仏塔の平頭部分に目鼻を置けば、仏塔をブッダが坐っている姿として示すことができます。

すでに述べたように、卵は世界を意味します。卵形を基本にしている仏塔は世界を意味し、さらに坐っているブッダの姿でもあるということになります。つまり、ブッダは世界であり、世界はブッダの身体だ、と考えられたのです。世界が神の身体だという考え方は、ヒンドゥー教では紀元九世紀頃から知られるようになったといわれます。一方、八、九世紀以降の仏教においてもそのような考え方が見られるようになります。次の章でマンダラについて述べますが、マンダラは神々が住む館ではありますが、一方ではマンダラ全体が一人の巨大な仏の身体であると考えられています。その巨大な仏の身体はとりもなおさずこの世界であると、仏教タントリズムでは考えられるようになりました。

この章の初めに、仏教にとって仏塔が重要だと申しました。世界であり、ブッダの身体であり、マンダラでもあるという多層的で象徴的な意味を表すには仏塔はすぐれたシンボルです。仏像のみでは、世界のすがたを採るというような象徴的な意味を表すことは困難でした。

仏塔とリンガ

ヒンドゥー教にシヴァという神がいますが、この神のシンボルの最も重要なものはリンガ（図Ⅰ-25）です。「リンガ」とは男根を意味します。地上にそそり立つリンガの形は、仏塔から上部構造すなわち平頭を除いた形といえましょう。リンガの上部は卵を思い出させます。ストゥーパの基本形も卵です。すでに述べたように、サンスクリットでは仏塔の上にある土饅頭のような部分は「アンダ」すなわち卵と呼ばれます。ヒンドゥー教および仏教は両方とも、卵の形の「聖なるもの」を崇めてきたのです。このように、ヒンドゥー教と仏教とはインド的なベースに基づいています。そのベースとは、卵（アンダ）が世界を表したということです。卵形の上に仏教徒は平頭をつけて仏塔としました。一方、ヒンドゥー教徒は平頭のないもの、つまりリンガを崇拝します。仏教徒が仏塔を拝むのと同じように、ヒンドゥー教徒はリンガを拝

図I‐25（右）シヴァのシンボルであるリンガ。カトマンドゥ
図I‐27（左）四面に四仏を配した仏塔。カトマンドゥ

んできたのです。

図I‐27は、カトマンドゥ盆地のものですが、この仏塔の本体は平頭の下の卵形です。卵形およびその下部がメール山であるといってもいいでしょうし、世界といってもよいのですが、その四面に仏たちが配置されています。この写真中央の仏は禅定印（三昧に入っていることを示す印相）を結んでいます。この印からこの仏は西方に位置する阿弥陀仏であるこ

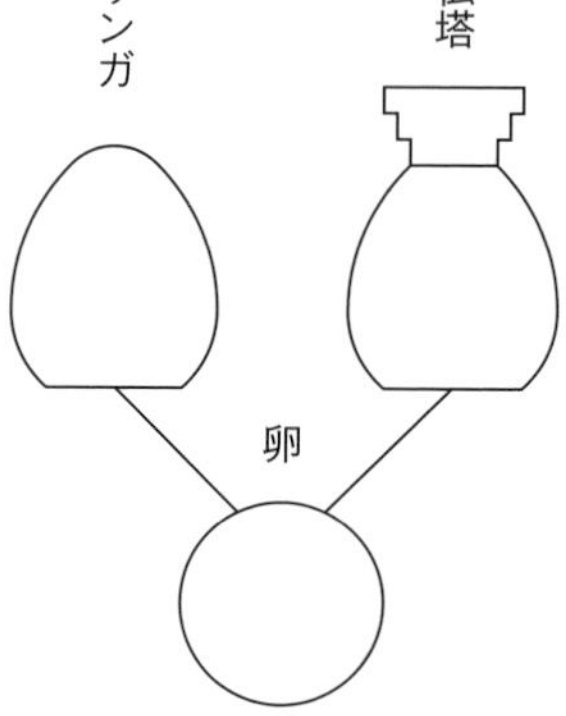

図I‐26　仏塔、リンガおよび卵のシンボリズム

とがわかります。写真左の仏は北に位置する不空成就《ふくうじようじゆ》如来です。写真右の仏は宝生《ほうしよう》如来です。そして、この写真には写っていませんが、阿弥陀仏の反対側にあるのが阿閦《あしゆく》如来です。このように金剛界の四仏それぞれが仏塔の四面に彫られていますが、このような仏塔は立体的なマンダラであると考えられます。

仏の神格化

すでに触れたように、人々は、肉体をもったブッダは死んでしまった、しかし、ダルマ（教え、法）そのものは永遠のはずだ、ダルマの具現であるブッダは肉体をもたなくとも、いずれかの時にすがたを採ってわれわれの前に現れてくる、現れてきてほしいという願いを人々は持つようになりました。

このような考え方が、紀元後四世紀頃までに三身仏、つまり「三つの位態にある仏」の思想として結実することになります。第一が法身《ほっしん》仏、第二が報身《ほうじん》仏、第三が化身《けしん》仏です。法身仏とはダルマ（法）そのものを体としている仏です。この仏には姿かたちがなく、見ることができません。二番目の報身仏は、肉体を持ったゴータマのよう歴史的存在でなくても、姿かたちを有して働きをもってわれわれの前に現れてくるであろうと考えられている仏です。第三の化身仏とは歴史上に肉体をもって現れた仏、つまりゴータマ・ブッダです。もっとも「ゴータマ・ブッダ」という名称は初期経典では用いられていません。「ゴータマ」（ゴータム）あるいは「ブッダ」と呼ばれている場合がほとんどなのですが、これまでの慣習もありここでは「ゴータマ・ブッダ」という名称を用いることにします。ちなみに「シッダールタ」という名称は、

図I-28 阿閦仏。ガウタム・バジュラーチャールヤ画

図I-29 阿弥陀仏。ガウタム・バジュラーチャールヤ画

ブッダの死後、かなりの時が経ってから与えられたようです。

図I-28はカトマンドゥ在住の画家が描いた白描ですが、ここに見られる仏は東方に住むと考えられている報身仏としての阿閦仏です。インドの神や仏にはそれぞれの乗り物としての動物が定められていますが、阿閦仏は象を乗り物としています。図I-29に見られる仏は孔雀に乗っております。孔雀に乗る仏は阿弥陀仏です。この二つの図に描かれた仏は多くの腕を持ち、多くの面を持っています。このような姿の仏は日本ではなじみがありませんが、後世のインド、ネパール、チベットにおいては一般的です。

カトマンドゥ盆地にはスヴァヤンブーナートという仏塔があります（口絵１）。その仏塔の西の側面には龕が彫り込まれていて、その中には西方にその浄土があると考えられている阿弥陀仏が祀られています（図Ｉ－30、口絵３）。阿弥陀仏はここでは金色に塗られていましたが、図像学的には阿弥陀仏の体色は赤と定められています。したがって口絵に見られるように赤い衣をまとっています。

阿弥陀仏はわれわれの国である娑婆世界にいるのではなくて、極楽浄土というわれわれの世界からはるか彼方にある「銀河」に住むと考えられています。しかし、浄土仏典は、われわれが阿弥陀仏を見ようと思えば、この娑婆世界で見ることができる、と述べています。

インド後期仏教（六〇〇～一二〇〇年頃）において生まれるマンダラにも阿弥陀仏はしばしば現れます。例えば、密教の代表的なマンダラである金剛界マンダラでは西方（中尊である大日の上）に現れます。しかし、この場合の阿弥陀仏はいわば密教のシステムの中に組み入れられた阿弥陀仏であって、『阿弥陀経』に現れる阿弥陀仏とはその職能が異なっています。

図Ｉ－31はさきほども名前を挙げました阿閦仏ですが、冠をつけています。これはカトマンドゥ、チャウニー地区のネパール国立博物館所蔵のもので、一六、七世紀以後の作品と思われます。もっともこのように冠を付けた阿閦仏のイメージは、インドではすでに七世紀頃には存在したと考えられます。これまで見てきたように、グプタ朝までは仏はほとんどの場合、出家僧の姿をしておりました。その後は、菩薩のように宝冠をもち、煌びやかな衣を身につけた姿で表現されることが多くなります。

彫像や絵画には表現されなかったブッダが、人間の姿を採って表されるようになった最初、

図I－30　スヴァヤンブーナート仏塔西龕の中の阿弥陀仏

ブッダは出家僧の姿で表されていましたが、七世紀頃には着飾ったブッダとして現れます、これは大きな変化です。密教仏としての大日如来のイメージが確立するのは七世紀頃ですが、大日如来とは『華厳経』（四世紀頃までには成立）の教主である毘盧遮那仏《びるしゃなぶつ》が密教的になった仏と考えることができます。奈良の東大寺の大仏は毘盧遮那仏です。大日如来は七世紀頃の編纂と考えられている『大日経』では飾られたすがた（菩薩形）で登場しています。

図I－32の仏は大日如来です。一〇世紀頃のインドのナーランダーのものですが、ニューデリーの国立博物館所蔵のものです。これも冠を被っています。この仏が結んでいる、金剛を持った覚勝印（智拳印）は一二世紀頃に編纂されたインドのマンダラ集『完成せるヨーガの環』（ニシュパンナヨーガーヴァリー）第一九章「金剛界マンダラ」に述べられる大日如来の印相と一致します。これが出家僧の姿でないことはいうまでもありません。

また金剛を覗かせている智拳印はカンボジアのクメール文化のバンテアイ・クデイ寺院出土の大日像（『文化遺産』二〇〇三年、九—一一月号、二五頁）、さらにはバリ島のバトゥワン寺院の大日像（図I−33）に見られます。金剛を持つ覚勝印（智拳印）の伝統がここまで広まっていたことがわかります。

次の図I−34も冠を被った大日の姿を示しています。金剛界マンダラの中尊としてカトマンドゥのチベット仏教寺院の壁に描かれたものです。図I−32、34に見られるように、大日は一

図I−31 阿閦（あしゅく）仏。
ネパール国立博物館（チャウニー地区、カトマンドゥ）

図I−32 大日如来。一〇世紀。
ナーランダー、インド

図I‐33（右）智拳印を結ぶ大日如来。バトゥワン寺院。バリ
図I‐34（左）大日如来。ボードナート、カトマンドゥ
図I‐35（左頁）ヘーヴァジュラ尊と八人のダーキニー。国立民族学博物館

般に四面を有すると考えられています。

五、六世紀までは、法（ダルマ）は、人間の姿をとることもない法身仏でした。それまでは法身仏は人格（ペルソナ）を持っていなかったのですが、七世紀頃からは、大日は説法する法身仏であると考えられるようになりました。法身仏の考え方が変わったのです。紀元四世紀までに成立したと考えられる『華厳経』では報身仏としての大日如来は目に見える存在なのですが、説法をする主体つまり教主であるか否かははっきりしていません。この経典では、仏の説法はどこからともなく聞こえてくるという形式が採られているからです。しかし、七世紀頃の編纂と考えられる『大日経』では法身仏としての大日如来が説法すると考えられています。

その後もさまざまな姿の仏が登場してきます。八、

九世紀には、おどろおどろしい姿のブッダが現れます。例えば、チベットで描かれた図I－35のタンカ（国立民族学博物館所蔵）はそういった仏の一人であり、ヘーヴァジュラ（呼金剛《こんごう》）と呼ばれます。左右の臂に頭蓋骨杯を持って妃と抱き合って踊っているこの異形の尊格は護法神ではなく、ブッダ（仏）です。インドでは八、九世紀からこういった新しい姿のブッダが登場しますが、九世紀の中頃で中国から日本への仏教の公的な導入が終結しましたので、日本にはこのようなかたちの密教はほとんど入ってきておりません。

インドおよびその周辺国のブッダのすがたの変容について述べてきましたが、ここでまとめてみましょう。

仏塔は、元来、ブッダの遺骨（仏舎利）を祀るものでした。今日の東南アジアにおいて仏塔は仏舎利を含まねばならないと考えられています。ブッダが涅槃に入ったということが仏教徒の出発点であり、終着点でもあります。それを仏塔というかたちで人々は表したのです。すでに述べたように、かのシャカ族の太子が出家した動機は、すべての人間が避けることのできない死という運命にいかに接するかということでした。その問題の答えは明解なものでした。「むさぼりを抑えて正しい道を歩んで、時が来たならば死へと赴け」というものでした。ブッダの涅槃はブッダ自身により示された彼の教えの実践例といえましょう。仏教徒はブッダの涅槃を見て、そして自分たちの歩みを始めることができるのです。それは、ちょうどそれはキリストが十字架上で死んだということ、つまりキリストの肉体の終わりが、キリスト教徒にとっては彼らの信仰の始まりとなることと似ています。

仏塔の基本形である卵形には、およそ一、二世紀の頃にはすでに世界としての意味を与えられたと考えられます。これはヒンドゥー教徒にとっても重要なことでありました。卵形をヒンドゥー教徒はシヴァのシンボルととり、仏教徒はブッダの涅槃のシンボルととりました。ヒンドゥー教徒はリンガをシヴァの生命力としてとり、仏教徒は仏塔をブッダの涅槃のシンボルであると考えました。このように仏塔には、この世界から超越したすがた（涅槃）と、この世界そのものを表すというように、相反する方向を有する二種類の意味があります。

時代が下るとともにこのブッダが人間の姿で表されるようになり、そして初めは僧形（如来形）であったのですが、煌びやかな姿（菩薩形）に表されるようになり、そして、信仰の中で対話の相手、あるいは交わりの相手となる、人格（ペルソナ）を持った尊格として成長していきました。大日も阿弥陀もそのようなペルソナを持った信仰の相手であります。

後世、仏塔の側面には仏や菩薩のすがたがしばしば刻まれるのですが、それらの仏塔の多くはそのまま立体的なマンダラと見なすことができます。マンダラについては次の章から考察します。

第二章　ネパール密教のマンダラ

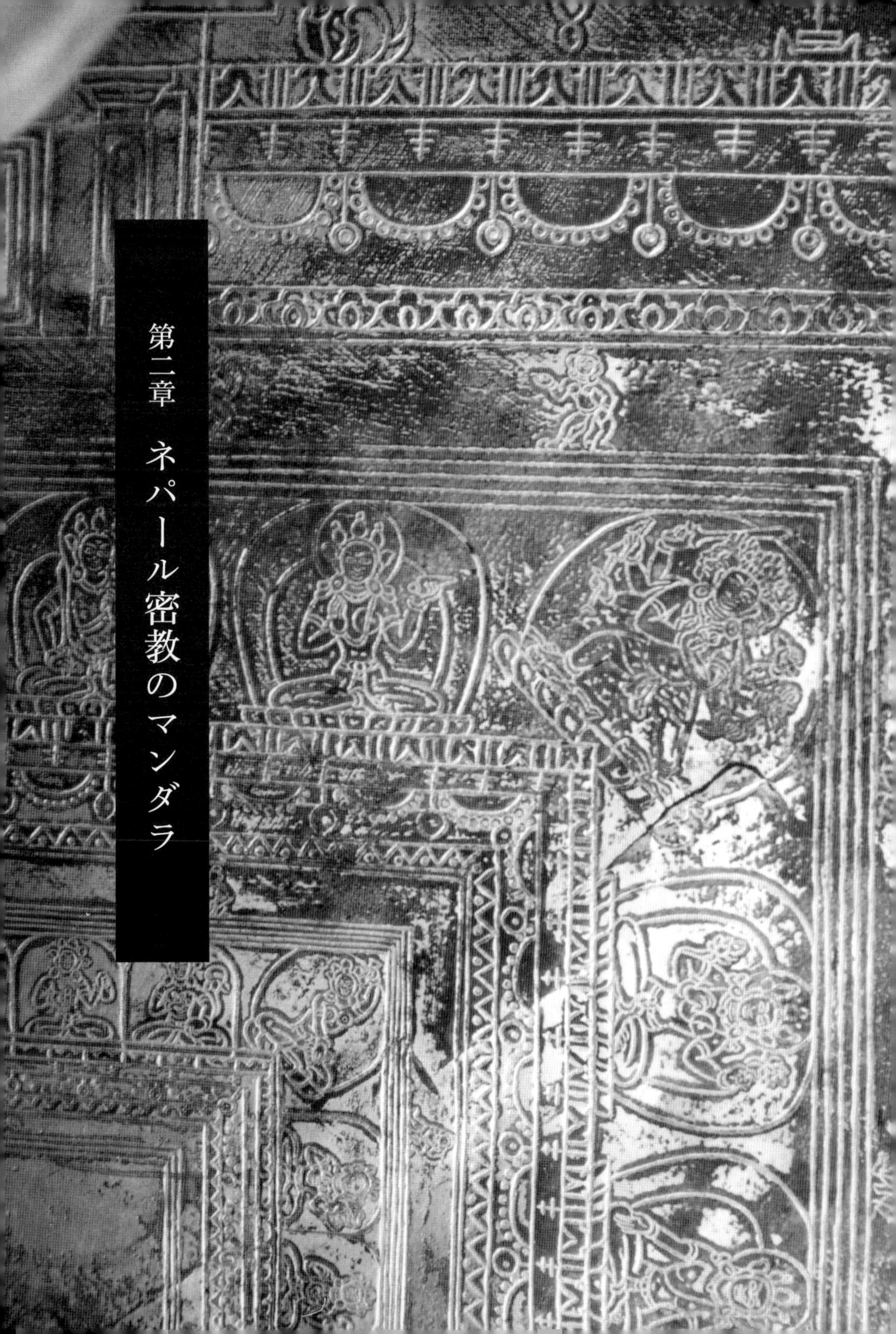

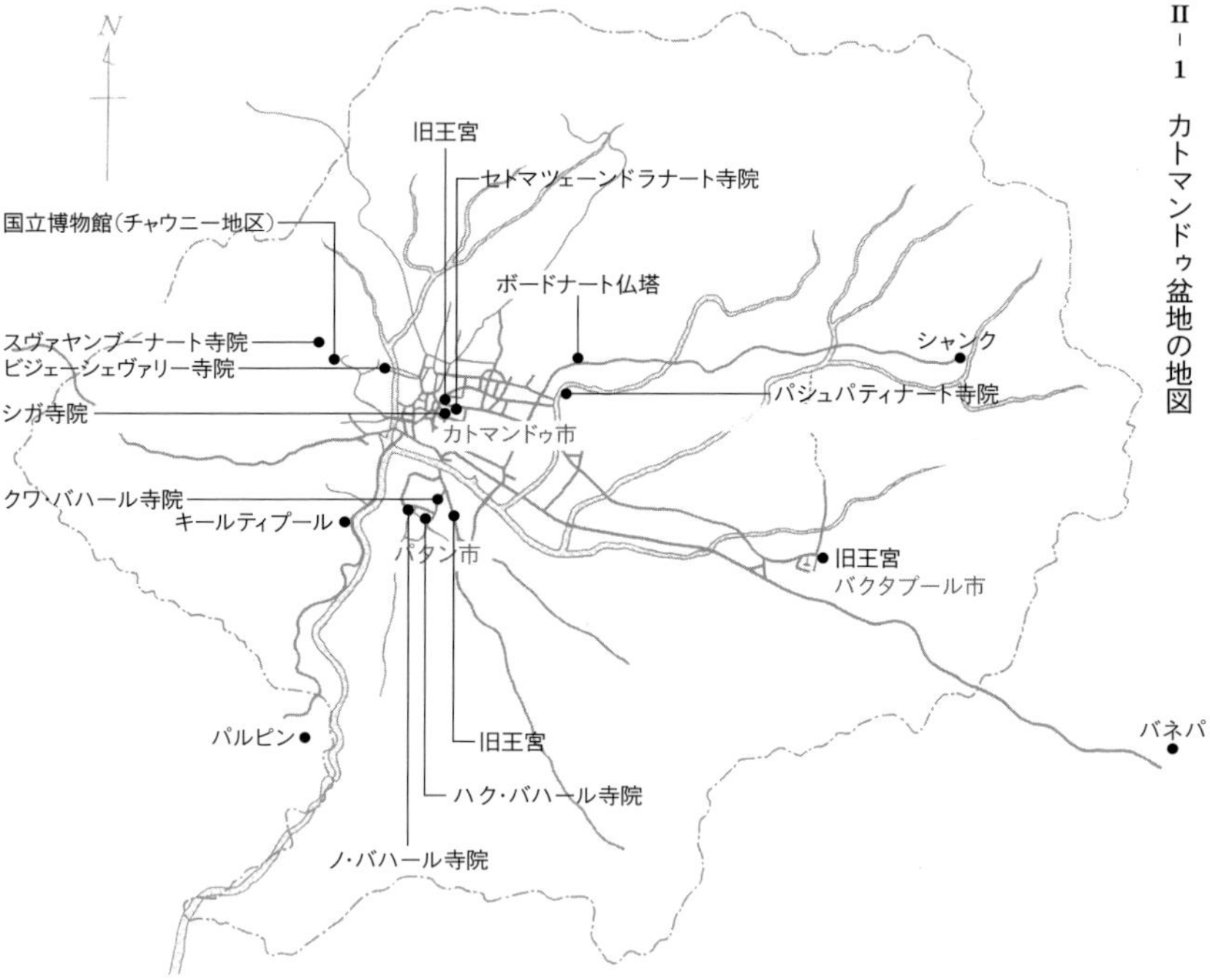

図II-1　カトマンドゥ盆地の地図

カトマンドゥ盆地のネワール宗教

ネパールのカトマンドゥ盆地（ネパール盆地）にはインドから伝えられた大乗仏教が、少し形を変えてはいますが、今日も残っています。もちろん日本やチベット自治区にも大乗仏教あるいは密教は残っています。しかし、カトマンドゥに残っているのは、インドから直接伝えられ、インド的な要素を今日も強く残しているかたちです。七世紀にはカトマンドゥ盆地に密教が入っていたといわれていますが、その後、千何百年にわたりこのカトマンドゥ盆地はネパールの政治、経済そして文化の中心でありました。カトマンドゥ盆地は東西がおよそ二五キロ、南北が二〇キロほどの広さです。この盆地は三千メートル級の山々に囲まれています。

カトマンドゥ盆地（図Ⅱ－1）には二〇一一年現在、ネパールの人口の約一割強、すなわち、二五〇万の人が住んでいると推定されます。ネパール最大の町はカトマンドゥ市です。南接してパタン市があり、このパタン市から東約一〇キロの位置にバクタプール市があります。カトマンドゥ、パタン、バクタプールが盆地内の三つの主要都市です。

カトマンドゥ盆地の中で大乗仏教を支えてきたのはネワール人たちです。彼らはチベット・ビルマ語系の言葉を話す人々であり、言語的にはわれわれ日本人と同じ仲間です。しかし、ネワール人の中にはインド・ヨーロッパ語系サンスクリットを学び、サンスクリットで著作するほど、このインド古典語を習得している人々がいます。一頃は、カトマンドゥ盆地の仏教はチ

図Ⅱ－2　カトマンドゥ盆地西部の丘に立つ町キールティプール

ベットから逆輸入されたもの、すなわち、チベットから入ってきたものではないかといわれていたことがありましたが、今日ではインドから入ってきたものがそのまま残っていると考えられています。もっとも一〇数世紀以降、ネワール仏教がチベット仏教の影響を強く受けてきたことは確かです。

今日、カトマンドゥ盆地にはチベット仏教寺院が数多く見られます。一九五九年のチベット動乱以降、亡命したチベットの人たちがこのカトマンドゥの地に住み、そして寺院を建立したこともあって、カトマンドゥという場所はチベット仏教の歴史にとっても重要なところです。

仏教のチベットへの導入

チベット王室がインド仏教を自分たちの思想として受け入れたのは八世紀終わり頃です。その際、チベット仏教を伝えたもっとも重要な人物としてシャーンタラクシタ（寂護）がいます。この人は、インドの仏教大僧院の長であったのですが、まず八世紀の終わり頃、仏教の布教のためにカトマンドゥを通ってチベットのラサに入りました。ところが、その時は不成功に終わり、彼はカトマンドゥに戻ってきます。その際、彼が一時身を寄せたところがカトマンドゥ盆地の西北部にあるスヴァヤンブーナート仏塔の西の町キールティプールだといわれています。図II-2はスヴァヤンブーナートの丘から盆地の西方を見た景色ですが、中央に小さな丘が写っています。その丘には軍艦のような格好をした町キールティプールが見えます。

しばらくして、シャーンタラクシタに二回目のチャンスが訪れます。その時、この学僧はかの有名な密教行者パドマサンバヴァ（蓮華生）を連れるか、あるいは示し合わせて二人でチベットに入りました。パドマサンバヴァが修行していたと伝えられる洞窟が、このキールティプールから少し南にいったところにあります。パドマサンバヴァは、超能力者であったのですが、チベットに入った後は特に土着的宗教であるポン教の人たちと対決し、超能力を駆使してポン教の人たちを降伏させた、と伝えられています。その数年後、パドマサンバヴァは亡くなっています。彼の死因は明らかではありません。

このようにして、インドの密教系ではない顕教系の大乗仏教がチベット王室の正式なイデオロギーあるいは思想として迎え入れられることになりました。その後しばらくして、中国系仏教との対決が行われます。中国系仏教を代表する大乗和尚は、シャーンタラクシタの弟子の蓮華戒（カマラシーラ）と対論しますが、インド大乗仏教が勝ち、チベット王室に採用されることになったのです。このような意味でカトマンドゥは大乗仏教がチベットに導入されるターミナルでもあったのです。

もう少しチベット仏教について付け加えておきましょう。八世紀の終わりから九世紀の前半までチベットは非常な勢いでサンスクリットの経典を訳します。ところが、八四〇年頃に仏教は弾圧を受けます。その後、一世紀半以上の間、チベットにおいて仏教はほとんど消えてしまいます。その間、ポン教が盛んかといえば、そうでもありません。文化的にはほとんど空白状態だったのです。一一世紀の前半あたりからまた仏教が復活してきます。このときの仏教の伝播はカトマンドゥをも通ってなされたのでしょうが、ラダックの方からも入っております。

スヴァヤンブーナート仏塔

カトマンドゥ盆地に話を戻しましょう。スヴァヤンブーナートの丘の上には同じ名前で呼ばれる仏塔があります（図II－3）。この仏塔は、ネワール仏教徒にとって最も重要な仏塔です。「スヴァヤン」とは、誰かがつくったのではなくて「自ずから」、「ブー」すなわち「生じた者」（自生者）いう意味です。「ナート」とは尊師、尊者ということです。「自生者」とは、すべてのものが因縁に依って生じているという仏教の思想からはすこしずれた考え方です。

このように考えるのは、ヒンドゥー教からの影響もあったと思われます。またスヴァヤンブーナートは元来、文殊菩薩を指していたと伝えられます。この仏塔の周りに一〇の龕《がん》つまり窪みがあります。その龕には金剛界の五仏（大日、阿閦、宝生、阿弥陀および不空成就）の仏像が納められており、それぞれの龕の横には五仏の妃ヴァジュラ・ダートゥヴィーシュヴァリー（金剛界自在女）、女神ローチャナー（仏眼母《ふつげんも》）、マーマキー（我母《がも》）、女神パーンダラー（白衣妃《びゃくいひ》）お

図Ⅱ－3（上）スヴァヤンブーナート仏塔と鬼子母神の層塔
図Ⅱ－4（下）スヴァヤンブーナート仏塔と鬼子母神の層塔および奉献塔群

よび女神ターラーの像が納められた龕があります。そして大日の妃ヴァジュラ・ダートゥヴィーシュヴァリーの龕のみは、小さく作られていてそこには像がなく、浅めの窪みがあるだけです。密教では尊像を空間のみによって示すというのが最も尊敬を込めた表現方法です。つまり、大日の妃ヴァジュラ・ダートゥヴィーシュヴァリーに対しては最高の敬意が込められているのです。このように龕に納められた仏像を有することによって、このスヴァヤンブーナートの仏塔は立体的な金剛界マンダラになっています。もっとも歴史的にいうならば、この仏塔は元来、文殊を中尊とする法界マンダラだったのですが、後世、大日を中尊とする金剛界マンダラへとつくりかえられたと推定されています。平頭（仏塔の上部構造）の四面にはそれぞれの方角に住む仏たちの彫像が見られます。写真からわかるようにこの仏塔にはカトマンドゥ盆地東部にあるボードナートの仏塔（口絵8）と同様、目と鼻が描かれています。したがって、この仏塔も仏陀の身体を意味していることがわかります。

図II－5　スヴァヤンブーナート仏塔の前で儀礼を行うネワール僧

この仏塔の西にある二層の塔（図II－3向かって右）は、鬼子母神を祀る寺院であり、建物全体に金箔が貼られています。この鬼子母神の層塔のすぐ横に阿弥陀の龕があり、その阿弥陀仏の龕と鬼子母神の層塔の前にはいつも多くの人だかりが見られます。

図Ⅱ－４はスヴァヤンブーナートの仏塔の西の方から東を向いて写したものですが、写真中央の層塔が今述べた鬼子母神の寺院です。この寺院やスヴァヤンブーナートの仏塔の周囲に見られる夥しい数の仏塔は古くからあったわけではなく、近年、つまり一〇〇年から二〇〇年前頃から寄進されたものと考えられます。人々にある程度の経済的余裕が生まれてから作られるようになったのだと思われます。日本においても今日見られるようにそれぞれの家の祖先を祀る墓石が作られるようになったのは元禄時代以降といわれます。

図Ⅱ－５は先ほどの鬼子母神の寺院の前を写しています。鬼子母神の寺の前には真鍮製のマンダラが設けられていますが、このように僧たちがマンダラの上で儀礼を行いますから、線刻されたマンダラは殆ど摩滅してしまいます。これはマンダラ本来の用い方ではないと思われますが、ともかくネワール僧

図Ⅱ－６　ラガン・ビハール境内の金剛界マンダラ台。カトマンドゥ

図Ⅱ－7（右）ラガン・ビハール境内の金剛界マンダラ台（部分）
図Ⅱ－8（左）シガ寺院の境内の金剛界マンダラ台。カトマンドゥ

たちがしばしばこのマンダラ台の上に道具を乗せて儀礼を行っています。

マンダラの上でプージャーを行っているこの人（図Ⅱ－5）はネワールの僧侶です。ネワール仏教の場合には、ほとんどの僧が妻帯をしており、ヒンドゥー教でいえばバラモンの階級に属するヴァジュラーチャールヤというカースト（ジャーティ、出自による職能集団）を形成しています。日本語で言えば「金剛阿闍梨《あじゃり》」ですが、カトマンドゥではヴァジュラーチャールヤというひとつの姓になっています。現在ネパールの中のネワールの総人口がおおよそ四〇万人といわれていますが、仏教徒として自覚がある人たちはおそらく十数万人であり、その中でヴァジュラーチャールヤは約一万余りといわれています。図Ⅱ－5の僧侶は誰かに依頼されて儀礼を行っていると思われます（口絵4）。

図Ⅱ－9　図Ⅱ－8金剛界マンダラ台（部分）

カトマンドゥ盆地における金剛界マンダラ

スヴァヤンブーナートの仏塔の丘を降りて、カトマンドゥの町の中に入ります。カトマンドゥ市の北部に、ラガン・ビハールという寺院があります。そこに金剛界マンダラがあるということで行ってみましたところ、そのマンダラの上で犬が日光浴をしているところでした（図Ⅱ－6）。犬のおかげでマンダラのおおよその大きさが分かりますが、三〇〇年以上経ているといわれています。石に刻まれた線ははっきりとしません。

子供たちがここに乗って遊びますから、線が摩滅していきます（図Ⅱ－7）。大人たちもこれが金剛界マンダラという古いマンダラの図であって、カトマンドゥ盆地では数少ない貴重なものであるとは思わないようです。下の基壇は須弥山《しゅみせん》を表しています。須弥山の上にマンダラを刻み込む、といった形態を

図Ⅱ－10（右頁）　シガ寺院の境内の金剛界マンダラ中央の大日如来

わたしは今までにこの盆地でしか見ていません。たぶんカトマンドゥにしかないと思われます。カトマンドゥ盆地の旧市街の中に入りますと、スヴァヤンブーナートの仏塔に似たかなり大きな仏塔のあるシガ寺院あるいはダルマキールティ寺院があります。そこには、三〇〇年ほど経った金剛界マンダラ台があります（図Ⅱ－８）。この境内は学校の運動場でもあり、この上で生徒たちが遊ぶものですから、どんどん摩滅していきます。マンダラの上の油などを取り除きますと、線刻されたマンダラが顕れました（図Ⅱ－９）。中央が金剛界の大日で、人間の姿で表されています。周りは三昧耶《さんまや》形つまりシンボルの形で表されています。金剛界の仏、菩薩たちのシンボルは日本の古いマンダラについて述べている『五部心観』などに伝えられていますが、そこに述べられた諸シンボルとおおむね一致します。

このマンダラの大日如来の大きさは手の平もないくらいなのですが、この大日は四面八臂で、転法輪印（説法印）を結んでいます（図Ⅱ－10）。日本では大日如来は転法輪印の他にしばしば智拳印を結びます。智拳印とは、一方の手を握りその指の間にもう一方の手の人差し指を差し込むという仕草をいいますが、カトマンドゥで智拳印を結んでいる大日像は、パタン市のクワー寺院、通称「黄金寺」に存在します。この盆地の中で智拳印を結ぶ大日は非常にめずらしいのです（立川武蔵『曼荼羅の神々』ありな書房、一九八六年、九頁）。

スヴァヤンブーナートの法界（語自在《ごじざい》）マンダラ

スヴァヤンブーナートに戻ります。図Ⅱ－11は一九八四年の写真です。写真に写っている子たちはマンダラ台の掃除をしています。台の上にペットボトルがあるのは、この水でマンダラを掃除するからです。ヴァジュラ（金剛）の下に冊子や紙がありますが、これはわたしのノートです。この写真右端に二つの龕がありますが、向かって右が阿閦《あしゅく》、向かって左が大日の龕です（口絵1）。スヴァヤンブーナートの仏塔の東側にある金メッキを施された銅製の法界マンダラが有名ですが、図Ⅱ－12のマンダラがそれです。

図Ⅱ－11に見るように、マンダラの上には巨大なヴァジュラがあります。このヴァジュラのおかげで線画が保護されて線が少しは残っています。この銅製のマンダラの外側の枠は三〇〇年くらい経っております。銘が残っており、ブラターパマッラという

図Ⅱ－12（左頁）　図Ⅱ－11法界マンダラ（部分）

図Ⅱ－11　スヴァヤンブーナート仏塔の東にある法界マンダラ台

図II－13（右頁）法界マンダラ（『完成せるヨーガの環』二一章）。ガウタム・バジュラーチャールヤ画

王が作ったと書かれています。

カトマンドゥ盆地の中ではさまざまなマンダラが見られますが、法界マンダラが最もよく知られています。先ほど、金剛界の例を挙げましたが、金剛界マンダラは本当に数えるほどしか残っていません。しかし、法界マンダラは無数といってもいいほどあります。

盆地の中の法界マンダラは省略された形のもの、あるいはシンボル形で出される場合といろいろですが、ともあれカトマンドゥ盆地の中ではこの法界マンダラの作例が最も多くみられます。図II－13が『完成せるヨーガの環』（ニシュパンナ・ヨーガ・アーヴァリー、第二一章）法界マンダラのサンスクリット・テキストに従って、カトマンドゥ在住のネワール人の画家ガウタム・ヴァジュラーチャールヤが描いたものです（口絵6参照）。

法界マンダラは金剛界マンダラの発展形です。金剛界の中尊は大日如来ですが、法界マンダラの中尊は大日の姿をした文殊菩薩です。獅子に乗り、持物の多くは大日のものと同じなのですが、尊格としては文殊です。つまり、文殊に特徴的な持物である剣と本を持ちます。金剛界マンダラの場合と同じく、法界マンダラでは下あるいは手前が東です。したがって、東に阿閦、南（向かって左）に宝生、西（上）に阿弥陀、北（向かって右）に不空が来ます。そしてその中間の方向（四維）に四妃が入るのです。

『完成せるヨーガの環』には二六種類、細かく分ければ三〇種類のマンダラが描かれていますが、今説明しております金剛界とか法界マンダラは一般の人々が見ることのできるマンダラで

図Ⅱ－14　石製の法界マンダラ台。スヴァヤンブーナート寺院境内

す。マンダラの中には密教系の儀式をして認可を得た者でないと見ることのできないものが多いのです。『完成せるヨーガの環』に述べられている三〇近いマンダラの半数以上はいわゆる秘密のマンダラであります。そのような密教のマンダラを今日の日本人や欧米人は本などで見てしまっていますが。

　写真でこれまで紹介してきたのは、マンダラの中でも寺院の境内に置いてあるもの、つまりわれわれ外国人が旅行者として訪れても簡単に見ることができるものです。特別な訓練なり特別な許可を得た人でなければ接することのできないといった伝統があるのは当然のことであります。そのようなマンダラの伝統は盆地ではまだ生きており、それらのマンダラ図はインドのテキストに従って描かれるのですが、ネパールの密教つまりネワールの密教は、サンスクリットのテキスト『完成せるヨーガの環』に述べられているおよそ二〇の「秘密」マンダラの伝統を有しています。

図Ⅱ－15（左頁）　シンボル形のマンダラ。図Ⅱ－14法界マンダラ（部分）

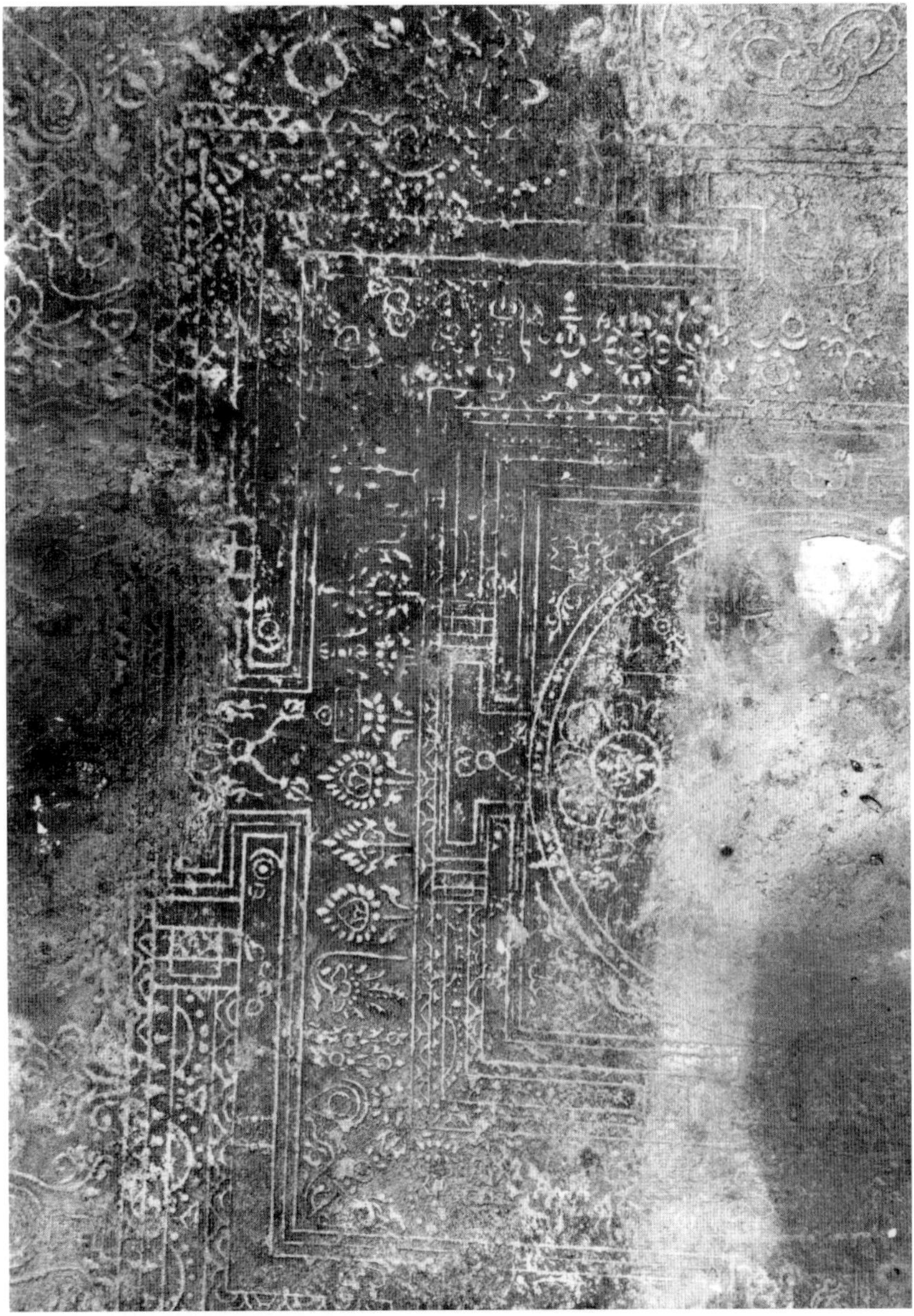

図Ⅱ－16（右頁）　シンボル形の法界マンダラ（『ヴァジュラ・アーヴァリー』に基づく）。ガウタム・バジュラーチャールヤ画

ちなみに、ネワール密教では胎蔵マンダラは残っていません。わたしも探したのですが、カトマンドゥでは残っていないようです。チベットではわずかながらに残っております。今日日本に残っている胎蔵マンダラと『大日経』に述べられているマンダラとはかなり異なっています。

図Ⅱ－14はスヴァヤンブーナートの丘にある石製の法界マンダラです。石の円盤の上にこのマンダラに登場する二二〇尊すべてがシンボル形で書かれています。このマンダラ台の横にチベット語が彫りこんでありますが、後からチベット人が彫り込んだものと考えられます。このマンダラは明らかにネワール人のものです。もともとはこのスヴァヤンブーナートの丘にあったものではなくて、丘の下の王宮の近くにあったものであって二五〇年は経っている、とこの丘である老人から聞きました。図Ⅱ－15はこの石に刻まれたシンボル形のマンダラの部分を示しています。シンボル形のマンダラの伝統については『ニシュパンナ・ヨーガ・アーヴァリー』（完成せるヨーガの環）の編者アヴァヤーカラグプタが彼自身の『ヴァジュラ・アーヴァリー』（金剛の環）の中で述べています。図Ⅱ－16は『ヴァジュラ・アーヴァリー』に基づいて描かれたシンボル形の法界マンダラです。

パタン市の法界マンダラ

次にパタン市にあるマンダラを見てみましょう。パタン市には仏教寺院が非常に多いのです

図Ⅱ－17　ノ・バハールの仏塔とマンダラ台。パタン

が、その一つに、ノ・バハールと呼ばれている寺院（図Ⅱ－17）があります。写真左の建造物が仏塔です。一般に仏塔の本体は卵型で、上部が平頭です。下は基壇です。日本の仏塔の場合には、屋根の一番上に見られる伏鉢という丸いものが仏塔の本体なのです。この伏鉢から下全体は仏塔の基壇です。日本の仏塔には墓としての意味が最も重要ですから、世界としての意味はほとんどありません。それゆえ、日本では仏塔の本体はこのように退化したのであろうと思われます。

図Ⅱ－18はハク寺（ハク・バハールあるいはハカ・バハール）です。境内の中央に銅製のマンダラがあり、これも有名なものです。マンダラには直接関係ありませんが、この寺院の境内は少し低くなっております。ここには水があることになっています。境内に下りる人は水の中に入ることによって清められるわけです。いわば枯山水です。このような例はエ

図Ⅱ－18　ハク・バハールの本堂、マンダラ台および仏塔。パタン

ローラの第一五、二一窟にも見られます。

一世紀ほど前までのことですが、インドのプネー市にあるバンブルデ石窟の前には丸い堂の周りに水が浅く張られており、その堂に行くには人々はその水の中に入っていかねばなりませんでした。

図Ⅱ－19はハク寺のマンダラを広角レンズで撮ったものです。尊格の並び方などは先ほどの法界マンダラの白描（図Ⅱ－13）と少し違っております。このマンダラに登場するほとけたち（尊格）二二〇尊すべてがここに描かれているわけではありませんが、ほとんどの尊格のイメージはかなり精巧に描かれています。某がこれを建立したという銘がありますので、この銅製のマンダラが約百数十年前に製作されたことが分かります。この銅製のマンダラ盤の下には古いマンダラ盤があると聞きました。つまり、今眼にすることできるマンダラは約百数十年前にリニューアルされたものです。マンダラの刻まれた盤

図Ⅱ－19（上）　ハク・バハールの法界マンダラ。パタン

が古くなりますとその上に新しいものが被されてきたのです。

図Ⅱ－20がそのマンダラの部分なのですが、最外周に火炎環があります、その内側にヴァジュラの環があり、その内側に巨大な蓮華の花弁の環が見られます。その内側の同心円は、地や水などの元素を表しています。世界を構成する諸元素を表しているのです。マンダラの立体的構造にかんしては、次の第三章において考察するつもりです（本書一二三頁）。

図Ⅱ－21はハク・バハールのマンダラの中心部分です。中尊は大日の姿をとった文殊ですが、尊格はみな主尊の方を向いています。マンダラの下部（東方）が阿閦、右回りに南方に宝生、上方（西方）に阿弥陀、北方に不空の順になっております。四方の中間（四維）には妃たちが描かれています。「仏の妃」とはおかしな表現ではないかと思われる人もいると思います。これは仏のさまざまな働きあるいは力が神格化されているのであって、密教における表現方法の一つと考えられます。

図Ⅱ－20（左頁）　図Ⅱ－19マンダラ（周縁部分）

図Ⅱ－21（右頁）図Ⅱ－19マンダラ（中央部分）
図Ⅱ－22（左）悪趣清浄マンダラ。クワ・バハール門の天井。パタン

パタン市にはゴールデン・テンプル（黄金の寺）と呼ばれている寺院があります。カトマンドゥ盆地の仏教寺院の多くは、先ほど触れた鬼子母神の層塔の場合もそうでしたが、金箔が貼られています。この寺院の巨大な本堂やその前にある仏塔が金色ですから、この名称が付いたと考えられます。この寺院はネワール人たちの間ではクワ・バハールと呼ばれています。この寺院の石造りの門の天井に彫りこまれたマンダラがあります（図Ⅱ－22）。悪趣清浄マンダラです。仏教では一般的に、生類は地獄、餓鬼、動物、人間、阿修羅、天という六道（六趣）の間を輪廻すると考えられていますが、次の世で悪い趣に生まれないようにという願いを込めて、悪趣清浄マンダラは葬儀のときなどに使われます。カトマンドゥ盆地の中ではもっとも多く見られるのは法界マンダラですが、ついでよく知られているのが悪趣清浄マンダラです。

立体マンダラ

次に立体的なマンダラの作例を見ましょう。マンダラは平面に描かれることが多いのですが、立体つまり三次元的なものとして表現されるケースもあります。

図Ⅱ－23は口絵7にあるラトナ（宝）・マンダラの下の部分です。この作品は、須弥山の世界をかたどったものですが、これもひとつの立体的なマンダラといえましょう。須弥山の周りには宝があると考えられていますが、この写真に見られる象、花、鏡などがここにいう宝です。中央にギザギザ模様の須弥山が見えますが、その下にある同心円状の階段は須弥山を取り巻く海と陸を表しています。須弥山の頂上には仏たちの宮殿が聳えています。その宮殿には明らかに中国建築の要素が見られますが、この真鍮製のマンダラの基部にはネワール語の銘があり、

カトマンドゥ盆地において作られたものと考えられます。ネワール人によって作られたこの仏塔のレプリカが大阪の国立民族学博物館に所蔵されています。

図II－24のマンダラはハク・バハール寺の僧侶の所蔵品ですが、大きめのフライパンくらいのもので銀製です。プージャー（供養）の儀礼を行う際にクンクムという赤い粉を供物として用いますから、このマンダラはその供物の粉によって赤く染まっています。中央には穴が空いており、写真ではその穴に女神のシンボルである壺がはめてありますが、不空《ふくう》羂索《けんじゃく》観音の像を置けば不空羂索観音のマンダラになります。

スヴァヤンブーナートの仏塔の近くには、日本でいうダキニ（荼吉尼）天つまり、ダーキニー女神を祀ったヴィジェーシュヴァリー寺院があります。「呼ぶ」あるいは「飛ぶ」を意味する「ダーク」と

図II－23　ラトナ（宝）・マンダラ（部分）。
スヴァヤンブーナートのチベット仏教ドゥク派寺院（口絵7）

図II－24　携帯用マンダラ。銀製。パタン

いう語から「ダーキニー」という語の意味を説明しようとする人もおられますが、この語の語源はよく分かっていません。この女神は超自然的能力を備えており、その能力のうち、最もよく知られたものは空を駆けることです。チベット語では「カンドーマ」(天空を駆ける女神)と訳され、中国では「空行母」と訳されました。ちなみに、この「母」は女性、女神を意味するのであって、子を産む母のことではありません。図II－25はその寺院の境内にあるひとつの仏塔を写しています。仏塔の構造がよく分かるように横から写しています。それを拡大したものが図II－26です。

先ほども見ましたように、仏塔の最上部の卵形が仏塔の本体であり、その上は平頭《へいとう》と呼ばれる部分です。もしこの平頭がなければ、シヴァ神のシンボルであるリンガと同じかたちになってしまいます。図II－26の仏塔の卵形の下には、花弁があり、そのす

ぐ下には蛇がぐるりと取り巻いているのが見られます。宇宙がまだ混沌としている時、蛇が原初の宇宙あるいは世界を取り巻くというのは数多くの民族の神話にも見られますが、この蛇もそうした神話を踏まえていると思われます。蛇の下には金剛の環がありますが、これは蛇と同様に原初の世界を取り囲むことによって世界を守っていると考えられます。その下の環は火を、その下は水を、さらにその下は地を表しています。つまり、ここでは火、水、地という順序で上から下へと元素が積まれているのです。

しかし、インドのマンダラでは通常、須弥山の下には地、その下に水、さらにその下に火、次いで風の元素が来ます。一般にインドのマンダラの場合には下に軽いものが来ます。ですから、インドの場合、普通は上から地・水・火・風となります。図II－27はそのようなマンダラの立体構造のモデルを示して

図II－25（右）ネワール仏教の仏塔。
ヴィジェーシュヴァリー寺院。カトマンドゥ
図II－26（左）図II－25仏塔（部分）

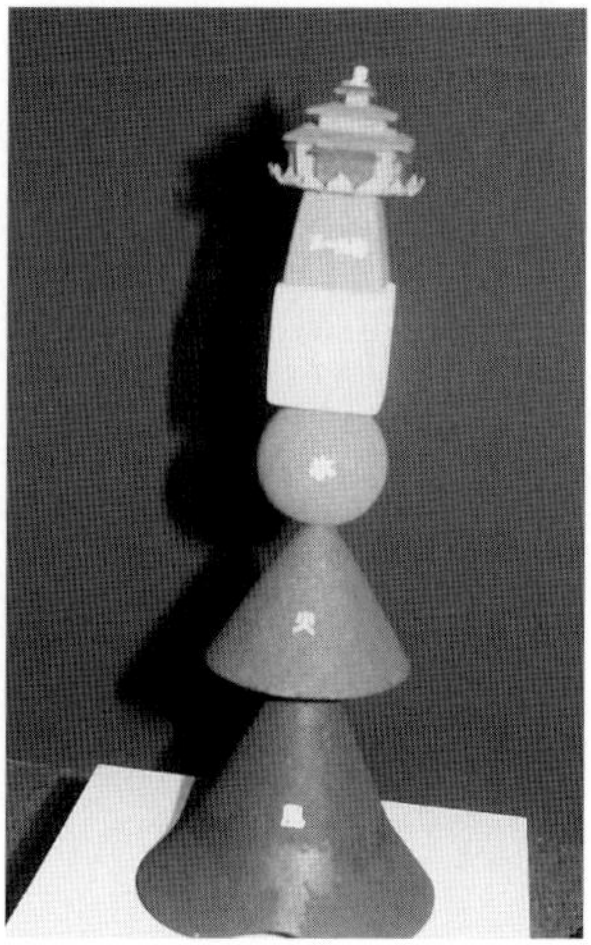

図II－27　マンダラの立体的構造

います。ちなみに日本の五輪塔の場合には下から地・水・火・風となります。

　少なくともヴィジェーシュヴァリー寺院の境内にある仏塔（図II－26）の場合には、今述べたインドの一般の順序とは逆に元素が並んでいます。この寺院の境内には他にもいくつかの仏塔があるのですが、やはりインドとは逆の順序に並んでいます。もっとも、ネワールの仏塔あるいはマンダラでは諸元素は常にこの反インド的順序で並んでいるというわけではありません。八世紀頃までは二次元か三次元かということに関して、インドやネパールの人々はそれほど意識しなかったようです。もちろん現代のインド人やチベット人たちはマンダラをしばしば三次元的にイメージしています。

　ともあれ、マンダラとは、最下層にまず諸元素があって、その上に須弥山があり、さらにその上に仏殿があり、それをわれわれが上から覗いた図であるといえます。平面のマンダラは、元来は三次元の構造のものを、真上から見て二次元的な図にしたものです。マンダラ図にあっては、宮殿の中の仏の頭を真上から見るのではなく、リクライニング・シートに横たわったような仏の顔を見ると考えてください。そして天井はすべて透明なのです。

　このように、マンダラには仏と仏たちが住む館が不可欠です。インド・チベット、ネパールでは、館あるいは宮殿がなければマンダラとは呼ばれません。日本における別尊マンダラ（ひとりの仏のみ描かれていて館のない曼陀羅）のような特別の例は除いて、マンダラには仏と仏たちが住む館があります。それら二つのもののドッキングしたものがマンダラなのです。アビダルマ仏教では世間は人々で、器《き》世間とはその器つまり山や河なのですが、マンダラでは世間が仏たちとなり、器世間は宮殿と考えられますから、マンダラとは世間と器世間の合体したものと考えることもできます。マンダラの構造にかんする詳しい考察は次の第三章において行う予定です。

マンダラ儀礼

マンダラの形に関してはどのようなものかおおよそ明らかになりました。では、マンダラは、実際にどう使われるのでしょう。次に、マンダラがどのように使われているかについて見てみましょう。

図Ⅱ－28はヴァジュラ・ヴァーラーヒーすなわち金剛亥母《がいも》の儀礼です。この女神は野生の猪の面をした姿で表され、超能力を有すると考えられています。野生の猪つまり野猪（ヴァラーハ）はヒンドゥー教の神ヴィシュヌの化身のひとつですが、亥母（ヴァーラーヒー）は元来、ヴィシュヌの化身としてのヴァラーハの妃でした。その女神はやがて仏教タントリズム（密教）のパンテオンに組み入れられ、仏教の尊格であることを示す「金剛」（ヴァジュラ）という語を名前の初めに付けられたのです。仏教のタントリズムではこの女神は後期密教を代表するチャクラ・サンヴァラ（勝楽《しょうらく》）尊の妃となります。

カトマンドゥ盆地には小さな女の子（クマリ）を選び「生き神」として崇拝する伝統が生き

図II－28（上）　金剛亥母（こんごうがいも）のプージャー。カトマンドゥ
図II－29（左頁）　ホーマ儀礼。カトマンドゥ

ていますが、ヴァジュラ・ヴァーラーヒーはクマリ女神と密接な関係にあります。「汚れを知らぬ」クマリには恐ろしい魔女ヴァジュラ・ヴァーラーヒーが宿るといわれます。図II－28に見る儀礼は一般にクマーリー・プージャーと呼ばれています。

図II－28の中央に金属製の盆が写っています。その盆の中に女神ヴァジュラ・ヴァーラーヒーのシンボル形のマンダラ（頂点を上にした三角と頂点を下にした三角が組合わさった図を基本的枠としたマンダラ）が見られます。これも重要なマンダラなのですが、注目したいのは写真右下、白い法螺《ほら》貝の上、数珠の左に見られる、白い粉で小さく描かれた円です。もっともその円には小さな金属のマンダラが載っています。この小さな円が実はネワール密教儀礼において重要なマンダラです。グル・マンダラ、つまり「師マンダラ」と呼ばれています。この小さなマン

図II－30（上）　師マンダラの儀礼。カトマンドゥ

ダラが、女神ヴァジュラ・ヴァーラーヒーの儀礼（クマーリー・プージャー）のみならず、ネワール密教のほとんどすべての儀礼の出発点となります。

儀礼を行うにあたって、はじめに僧は自分の手前に白あるいは赤い粉で丸を描きます。その上に水やミルクなどの供物をのせていきます。これがマンダラなのです。このマンダラに金剛薩埵《こんごうさった》菩薩《ぼさつ》を呼びます。この尊格は元来、菩薩ではありますが、時として仏すなわち如来としての資格を得ます。このような師（グル）マンダラは、ネワール密教儀礼においてもっとも重要なもののひとつです。

金剛薩埵を呼び出した後、僧自身は金剛薩埵そのものとなって儀礼を執行します。この師マンダラは、石を潰して作った粉を用いて描いた小さな丸です。ここに花やらミルクやらを載せますから、三〇分もしないうちに元の形は分からなくなります。もともとこういったように用いられるのがマンダラなのです。

日本ではしばしばマンダラが仏教美術の極致であると考えられています。京都の東寺にあるマンダラはたしかに美術的観点から見ても価値がきわめて高いものであり、国宝であることも頷けます。ネパールやチベット仏教圏においても美術的価値を有するマンダラは数多くありますそうなのですが、マンダラは本来、美術的価値とは無関係なものです。

写真（図Ⅱ－29）の向かって左は、画家のガウタム・ヴァジュラーチャールヤ氏です。本書の図Ⅰ－28、29、図Ⅱ－13などの白描を書いてもらっています。彼のお父さんがラトナカジ氏で、もう亡くなられましたが有名な仏教学者でした。この写真（図Ⅱ－29）では息子を助手にしまして、ラトナカジ氏がホーマ（護摩）を行っています。ネワール密教には、チベット仏教圏や日本と同じく、護摩（ホーマ）の伝統が残っています。

ネワール密教では、護摩が行われる前にまず先ほど述べた師マンダラの儀礼が行われねばなりません。師マンダラへと招かれた金剛薩埵自身となることによって僧は護摩を行う資格を得るのです。

図Ⅱ－30の僧侶も同じラトナカジ氏ですが、師マンダラが氏の手前に描かれています。元の形は分からなくなっています。ホーマ儀礼を行っているところですが、すでに述べたように、ホーマを行うときにもマンダラが必要となります。

以上でネワール密教のマンダラについての説明を終わりました。マンダラがどのような形をして、どのような種類のものがあり、どのように描かれているかはある程度わかってきました。

われわれはマンダラが儀礼においてどのように用いられているのかを見てきました。しかし、わたしにはこれまでの考察によっても解決されない二〇年来の疑問があります。つまり、マンダラ観想はどういう行法であるのかと、という疑問です。

マンダラを観想すれば、行者の身体にどのような精神生理学的変化が起こっているのでしょうか。後世のヒンドゥー教のハタ・ヨーガの場合であれば体内にショックがどのように走って、その後身体がどのようになるのかについてもいろいろな人が報告していますのでかなりの程度までわかります。しかし、マンダラ観想にかんしてはほとんど報告がないと思われます。マンダラ観想にかんして考察するためには、さらなる準備的考察が必要です。次の章においてマンダラの構造を考察してみましょう。

第三章　マンダラとは何か

図III－1　チベットの胎蔵マンダラ（『タントラ部集成』二〇番）。一九世紀。チベット

マンダラという場

「マンダラとは何か。一口で答えてほしい」とこれまでに幾度か尋ねられましたが、一言でマンダラとは何か、という問いに答えるのはほとんど不可能でしょう。それにしてもあのような複雑な絵図は、いったい何を描いているのでしょうか。あの絵図に対して何かをするとすれば、何をすればよいのでしょうか。「マンダラとは、ほとけたちの世界を描いている」といわれますが、「世界」とは何を意味するのでしょうか。ともあれ、作例を見ながら、マンダラとは何かを考えていきましょう。

第一章においては、ブッダの姿が時代あるいは地域によってさまざまに変化するのを見ました。それらのブッダたちは常に自らが働くための場を必要としてきました。その場は、ある時には、ブッダの説法が行われた王舎城や霊鷲山《りようじゆせん》であったことでしょう。またわれわれの住む世界から遠く離れた、阿弥陀仏の住む極楽浄土かも知れません。ともあれブッダ（仏）や菩薩は空中に漂う存在ではなく、場あるいは世界において働く存在であります。マンダラは仏、菩薩、明王（忿怒尊《ふんぬそん》）などの仏たちが働く場（世界）を示しています。一般にマンダラ中央において描かれる宮殿（館）が仏・菩薩たちの住む場です。仏・菩薩たちと彼らの場との複合体がマンダラなのです。

第二章ではカトマンドゥ盆地におけるマンダラの作例において、仏たちがそれぞれの活動の場の中におられるのを見ました。われわれ人間のみならず、生き物が生きていくためには場が必要です。マンダラもまた仏・菩薩という生物の活動する場所なのです。しかもマンダラという場は、聖化されて、つまり、「聖なるもの」としての価値が与えられていなければなりません。宗教的価値を帯びていない場あるいは世界は、マンダラとはならないのです。

インドにおいて紀元五世紀頃までには、初期的なマンダラが作られていました。初期的なものとはおそらくは携帯用の祭壇のようなものであり、お盆の上に仏像、水、花などを載せたようなものであったと考えられます。七世紀頃の中期タントリズムの時代には『大日経』（七世紀）と『金剛頂経』（七世紀後半）が編纂されました。『大日経』は胎蔵マンダラについて述べ、『金剛頂経』は金剛界マンダラについて述べています。それらに基づいてマンダラ図が作られましたが、空海はこの二つのマンダラ図を日本に請来されました。京都の東寺に伝えられている金剛界と胎蔵〔界〕のマンダラ（曼荼羅、曼陀羅）はよく知られています（立川武蔵『マンダラ』増補改訂版、学習研究社、一九九六年、二〇～二一頁参照）。東寺のマンダラは空海によってもたらされたマンダラ図そのものではないのですが、空海によってもたらされたマンダラ図にごく近いものを伝えていると思われます。もっとも日本にもたらされたこの二つのマンダラ図は、インドの経典に厳密に基づいているものではなく、中国的解釈が加えられたものですが、インドの伝統を伝えています。

インドにおいて仏教のマンダラは、すでに述べたように後期インド仏教の時代（六〇〇年頃～一二〇〇年頃）の始まる前に簡単なものが見られ、一三、四世紀頃まで、つまりインド仏教が消滅するまで盛んに作られました。インド亜大陸において大乗仏教が亡んだ後も、チベット

図III－2　日本の胎蔵〔界〕マンダラ（長谷寺版、『大正大蔵経』図像部）

図III－3　日本の金剛界マンダラ（長谷寺版、『大正大蔵経』図像部）

図Ⅲ－4　金剛界マンダラ（『完成せるヨーガの環』一九章）。ガウタム・バジュラーチャールヤ画

図III－5　ヘーヴァジュラ・マンダラ（『完成せるヨーガの環』五章）。ガウタム・バジュラーチャールヤ画

自治区、ネパール、モンゴル、日本においてマンダラの伝統は生き続け、今日に至っています。したがって、マンダラには今日までに千数百年の伝統があることになります。空海は最初の二、三〇〇年の間に生まれたマンダラを日本に請来されたのであり、日本の仏教タントリズムはアジア史的な観点からみますと、初期のマンダラを知っているということができます。

前章でもマンダラの作例を見たのですが、ここで改めて胎蔵マンダラと金剛界マンダラの作例を見てみましょう。図Ⅲ-1はチベットで描かれた胎蔵マンダラです。一九世紀末にチベット仏教のサキャ派に属するゴル僧院においてマンダラの理論と実践にかんする叢書『タントラ部集成』（ギュテクントゥ）が編纂されましたが、編纂直後にその叢書に基づいて描かれたマンダラの一例がこれです。日本の胎蔵マンダラ（図Ⅲ-2）とはかなり異なっています（立川武蔵『日本仏教の思想』講談社、一九九五、六五―六七頁参照）。

本書口絵5は、『タントラ部集成』に基づいて描かれた金剛界マンダラです。日本でよく知られている九重マンダラ（図Ⅲ-3）の中央部分が、インド、ネパールおよびチベットの金剛界マンダラに相当します。図Ⅲ-4の金剛界マンダラは、サンスクリットで書かれたマンダラ集『完成せるヨーガの環』（ニシュパンナ・ヨーガ・アーヴァリー）に従ってカトマンドゥ在住の画家ガウタム・バジュラーチャールヤ氏によって描かれたものです。図Ⅲ-5は、八、九世紀に編纂された『ヘーヴァジュラ（呼金剛《ここんごう》）・タントラ』に述べられるヘーヴァジュラ・マンダラの中心部分を示しています。ヘーヴァジュラと呼ばれる秘密仏（第一章で述べた後期大乗仏教のタントリズムにおける仏）を中尊としたマンダラは、日本ではつい最近までほとんど知られていませんでした。ヘーヴァジュラ・マンダラのみならず、後期仏教のマンダラのほとんどは江戸時代の日本には知られていませんでした。

マンダラの観想法

胎蔵マンダラと金剛界マンダラがインドにおいて実際にどのように用いられていたのかをごく簡単にお話しましょう。『大日経』に述べられている胎蔵マンダラの場合、おそらくは畳一畳よりは少し広めの地面を選び、その土地を先生と弟子が浄め、土地神に供養をして、先生も弟子も身を浄めてから、六日目の夜に色粉でその地面に胎蔵マンダラを描きます。六日目の夜が明けますと、先生は弟子をマンダラに引き入れて、あるいはマンダラの傍で「今日からお前は私の弟子である」と宣言します。このようにして弟子の入門儀礼が行われるのです。『大日経』はマンダラ観想法についても語ってはいますが、この経典におけるマンダラの主要な機能は弟子の入門儀礼に用いられることです。

『大日経』の成立後まもなく編纂されたと考えられる『金剛頂経』の行法は、『大日経』のそれと異なっていました。『金剛頂経』のマンダラは地面の上にではなく、行者が頭の中で描くのです。この経典に述べられた観想の仕方の一端を例によってお話しましょう。それぞれの菩薩には特有の持物あるいはシンボルが決まっています。例えば、金剛界マンダラには鉤《かぎ》をシンボルとする菩薩、すなわち金剛王が登場します。今、この菩薩を心に念ずることによって眼前にこの菩薩を呼び出す場合を考えてみます。まず、世界中の鉤を実践者つまり観想者の手に集めます。「心を凝《こ》らせて」自分の手の中に鉤が実際にあるように思えたとき、その鉤を目の前に出します。そうしますと、目の前に鉤を持った金剛王菩薩が立ち上がるのです（図III－6〜

9)。この菩薩は立ち上がった後、マンダラにおいて定められている自分の場所に行って、他の菩薩や女神たちが出そろうのを待ちます。『金剛頂経』にはそのように述べられています。

このようなことを数十回くり返します。やがて、行者は自分の周りに仏が立ち並び、自分がマンダラの中にいるのを見ます。つまり、行者は自分が最終的に住むべき世界の中にいるのを見ることになるのです。そのような観想が金剛界マンダラの観想法です。この観想法が一種のヨーガであることは明らかです。

後期のマンダラに登場するほとけたちに対する観想法は『金剛頂経』の場合と比べて方法が変わっています。ここでは詳細な説明を省きますが、ようするに後期の密教では「自分の外」に存する神（尊格）を自分の中へと招き入れます。このような行法はもともと仏教的なものとはいえません。というのは、仏教は外界に、つまり実践者の心の外に、聖なる者の実在することを認めませんから。後期のタントラ経典のほとんどの場合、自分の外の「神」を呼んで、あるいは「降ろし」て、いわば憑依状態、神懸り状態になるのです。すくなくともそのような要素が見られます。

今日、ネパールやチベット仏教圏には、このような「神」を呼んで憑依状態になるというような観想法がまだ残っています。この行法は、わたしが見たかぎりでは日本の修験の場合とほとんど同じです。尊格を呼んで招き、その尊格が行者に「降りて」きたそのときの精神生理学的状態や、そのような状態になっていく過程は、日本の修験において「座が立つ」場合とほとんど同じであるように思えました。

今、わたしが眉間のところに指先を近づけますと、しゃっくりに似た音が出ます。こういう

図III－6　金剛界マンダラ観想法1
（行者は世界中の鉤を心の中で集める）

図III－7　金剛界マンダラ観想法2
（行者は自分の手の中に鉤があると思えるまで心を凝らす）

図III－8　金剛界マンダラ観想法3
（行者は手の中に実際にあるように思われた鉤を取り出す）

図III－9　金剛界マンダラ観想法4
（行者が鉤を目の前に捧げると、鉤を持つ菩薩が現れてくる）

音を観想法の修行者たちはしばしば出します。もうすこし段階が進みますと、わたしの身体は皿回しの棒のようにまわりはじめます。このような精神生理学的変化は、観想法を行う者たちの間で普通に見られます。

カトマンドゥ盆地には、神懸りになって病気治癒などをする「ドゥヨーマ」（女性験者）がいますが、彼女たちに「神が降りた」直後、ほとんどの場合彼女たちは倒れます。倒れた後、起き上がって話し始め、クライアントの質問を受けたりします。その時の声のトーンは、それまでとはまったく違っています。このような行法には、シャマニズムの身体技法と共通するものがあるようです（立川武蔵『マンダラ瞑想法』角川書店一九九七年、一一四、二四〇頁参照）。

インド密教がシャマニズムのテクニックを積極的に取り入れるようになったのは、九、一〇世紀以降と思われます。シャマニズムはここでは「憑依あるいは脱魂の状態になる者を中心とする崇拝形態」と定義しておきたいと思います。今日のネパール、チベット仏教圏ではこのシャマニズム的なテクニックを組み込んだ行法が残っています。後期仏教の観想法が憑依や脱魂の技法になってしまったというわけではありません。その要素を強く含むようになったということです。シャマニズムの影響を受けていない密教の行法も残っているはずなのですが、シャマニズム的要素を持たない伝統的な観想法を行っている人にわたしはまだ会ったことがありません。一方、シャーマンのように神懸りになる行者は、カトマンドゥ盆地ではむしろ簡単に会えます。

マンダラ成立の歴史的条件

インドの仏教タントリズムは紀元七世紀には確立しますが、マンダラもこの頃にははっきりとしたかたちを採ります。マンダラが成立するためには、三つの歴史的条件が考えられます。一つは仏教のパンテオンが成立し、仏・菩薩などのそれぞれのイメージが図像化されたことです。第一章で述べたように、インド初期仏教では仏陀は人間の姿の像に表現されることはありませんでした。当時はストゥーパ（仏塔）とか法輪とか椅子などで仏陀を表していました。紀元一世紀頃、ガンダーラあるいはマトゥラーにおいて仏像が作られるようになりました。仏陀が人間の姿に図像化されるようになったのです。そして、六〇〇年頃までには、仏、菩薩、女神、明王（不動、大威徳《だいいとく》明王など）、天（帝釈天《たいしゃくてん》、日天、月天など）といった仏教の神々の世界（パンテオン）ができあがり、それぞれの神々が図像あるいは彫像に表わされるようになります。このように「神々」の姿が図像に表されるようになったことは、マンダラが成立するための歴史的な要因の一つです。

『阿弥陀経』や『無量寿経』においては、阿弥陀仏への帰依（バクティ、献愛、献信）がすぐれた崇拝形態であると述べられていますが、これらの経典においては帰依の対象となる阿弥陀仏のイメージがはっきりと述べられています。浄土における阿弥陀仏を眼で見ることができると述べられているように、仏のかたちあるいは浄土のありさまを仏弟子が視覚的に把握することが可能であると考えられています。『阿弥陀経』と同時代の成立と考えられている、ヒンドゥー教の聖典『ギーター』第一一章においてヴィシュヌは自らの姿をアルジュナ王子に見せています。大乗仏教やヒンドゥー教において、帰依という崇拝形態には「聖なるもの」の形が視覚的に捉えられる必要があるように思われます。

もっとも崇拝の対象である仏が図像に表現されることは、帰依という崇拝形態の必要条件ではありません。例えば、親鸞の信仰にあっては、阿弥陀仏を人間の姿を採った仏として図像化することは必要ありません。イスラム教の信仰にあっても神との人格的な交わりがあり、神に愛と信を捧げるのですから、この信仰はヒンドゥー教や仏教における帰依とさまざまな側面で似ていると思います。しかし、イスラム教の信仰にあってはアッラーの神を人間に似た姿で図像化することは不要です、というよりも禁じられています。これと対照的に、仏教のタントリズムにおいては仏や菩薩の図像化が進められました。このような尊格の図像化は、マンダラの成立の一要因でありました。

マンダラが成立するための第二の歴史的要因は、世界構造にかんする関心の高まりです。初期仏教において、世界がどのような形をしているか、世界は有限か無限か、というような問題はあまり熱心に議論されませんでした。これは、仏陀自身が「そのようなことを論ずるより大事なことがあるはずだ」といわれて、宇宙論や形而上学的事柄にかんして論議することを奨励されなかったという事実に従ったものと思われます。しかし、大乗仏教の時代になりますと、あるいはすでにそれ以前の部派仏教の時代（紀元前三、二世紀―紀元一世紀頃）においても、世界の構造にかんして仏教徒たちも真剣に考えるようになりました。

一方、バラモン正統派の哲学も紀元二世紀頃以降、世界構造にかんする精緻な体系を作り上げていきましたが、仏教徒の間に世界の構造にかんする関心が増大したことがマンダラ成立の第二の要因です。マンダラには、いわゆる森羅万象という意味での宇宙の構造ではありません

図Ⅲ-10（右）　バラモン僧たちによるホーマ儀礼。プネー、インド
図Ⅲ-11（左）　日本の真言宗の護摩（宮坂宥勝師、光照寺、岡谷、一九八一年）

が、第二章で見たように、ある種の世界の構造が描かれています。世界の構造に対する関心は、正統派バラモンたちがヴェーダの宗教の時代から持ち続けたものです。このようなバラモン的伝統を仏教の中でもっとも鮮明に受け入れたのがマンダラです。

第三の歴史的要因は、仏教における儀礼に対する関心の増大です。インドには古来、儀礼主義の強い伝統があり、その伝統は今日に至るまで続いています。一方、初期仏教は儀礼に対して冷淡でした。しかし、大乗仏教の台頭に伴って、特にグプタ朝（四世紀初頭―六世紀の前半）の時代になりますと、古代のバラモン僧たちの儀礼が仏教徒たちの修行の一環として取り入れられました。

ヴェーダ祭式の代表的な儀礼であるホーマ（図Ⅲ-10）は古代バラモン僧たちの社会的義務として

行われたものであり、個々人の精神的救済あるいは悟りを得る手段ではありませんでした。後世において仏教タントリストたちは元来、集団的な儀礼であるホーマを自分たちの儀礼および実践の一環として取り入れ、悟りを得るための個人的宗教実践としての意味を付け加えました。バラモン僧たちのホーマ儀礼において外的には火の中に供物を入れるのですが、仏教タントリストたちはそのような儀礼形式を受け入れるとともに、内化して、つまり、心の中では煩悩を焼いていると理解することによって個人の精神的至福を追及する型の宗教実践としての意味も加えたのです。このようにして密教に取り入れられた古代のヴェーダ儀礼ホーマは今日、日本では護摩《ごま》（図Ⅲ－11）として残っています。

以上、マンダラの成立のための三つの歴史的要因を述べました。その三つのうち、第一は、仏教の仏・菩薩たちの尊格のすがたが図像化され、さらに造形作品として表現されたことです。尊格のイメージが明確になったことは、中期仏教、つまり大乗仏教における仏教徒たちの仏たちに対する態度の変化と関係します。第二は、世界の構造に対する関心が増大したことです。そこから生まれた世界としてのマンダラは聖化を受けている必要がありました。阿弥陀仏の極楽浄土はむろん聖化を受けています。しかし、この仏の国土はわれわれの住む娑婆世界からははるか遠くに存在すると考えられていました。マンダラが指し示す世界は娑婆世界と離れたところにあるものではありません。マンダラとは聖化された娑婆世界の表現なのであるということさえできます。第三は、仏教に儀礼が積極的に導入されたことでした。砂マンダラを作成した後の供養、マンダラを用いた弟子の入門儀礼などといった儀礼が、積極的に取り入れられ、悟りを求めるという仏教本来の目的を目指した実践として行われるのです。

この三つの傾向が六〇〇年頃までには顕著になりました。三つの諸要因を一つのシンボル装置として結実させたものがマンダラです。紀元六〇〇年頃以降、仏教が次第に勢力を失っていったことはすでに述べましたが、マンダラはこのような時代状況の変化に対応するための仏教徒の努力の結果であるといえます。

マンダラの三特質

これまでマンダラ成立のための歴史的要因について述べてきました。次にマンダラそのものの特質を考えましょう。次に述べるマンダラの特質は、これまでに述べてきたマンダラ成立のための三つ歴史的要因と深く関係します。というよりも、その三つの要因がそれぞれマンダラの三つの特質なのです。またマンダラの特質を考えることは密教の特質を考えることでもあります。

マンダラの三つの特質のうちの一つはマンダラに登場する尊格たちです。ともかく仏なり菩薩なりがいないと、マンダラは成立しません。次に、この仏や菩薩が住む場としての館あるいは宮殿が必要です。これらの二点は、先ほどの歴史的要因の第一と第二に対応しています。マンダラ成立のための第三の要因は、仏教における儀礼の普及でした。館に住む、あるいは世界の中にいる「神々」に対して実践・儀礼が必要であること、これがマンダラの第三要素です。

日本のマンダラの場合は少し事情が異なります。日本には浄土マンダラとか社寺マンダラと

図III－12　浄土変相図。カトマンドゥ

呼ばれる絵図があります。浄土を描いた絵図はネパールやチベットにもありますが、その浄土の図（浄土変相図）（図Ⅲ－12）をネパール人やチベット人は「マンダラ」とは呼びません。また、日本には「別尊マンダラ」もあります。例えば、一人の観音菩薩が描かれている絵、これも日本では一種のマンダラと考えられますが、そのような絵をネパール人やチベット人は「マンダラ」とは考えません。

このように日本では「マンダラ」という語はかなり広い意味に用いられています。「人間マンダラ」、「花マンダラ」さらに「テレビ・マンダラ」というような表現が日常的にも用いられています。さまざまな要素が集まっていれば、それらの要素間の関係を何ら問うことなく、その集まりをマンダラであると日本人は理解します。けれども、インドやチベットではもろもろの要素がそれぞれに定められた構造に基いて整然と並んでいなければ、マンダラとは考えられないのです。

また、日本では大日如来を意味する「ヴァン」（vaṃ）とか阿弥陀如来を指す「フリーヒ」（hrīmḥ）というようなサンスクリット文字が一つ描かれてあれば「マンダラ」（種子《しゅじ》曼荼羅）と呼ばれます。先ほど述べたように、宮殿も現れず、ただ観音がひとり描かれていてもマンダラです。なぜそのようになったのでしょうか。その原因は空海自身にあると思われます。つまり、一文字や一尊の絵図もマンダラと呼んでよいと空海がいわれているのです。すくなくともわたしはそのように解釈しております（立川武蔵『最澄と空海』講談社、一九九八年、二三〇―二三一頁）。

このような言い方をするのはおこがましいのですが、空海はあの時代において英断の智を持ち、かつ日本仏教の将来が見える方だったと思います。大師自身が胎蔵マンダラ、金剛界マンダラを請来した当人ですから、マンダラが如何に複雑なものであるかは当然ご承知でした。しかし、仏一人、文字一つでもマンダラである、と読むことのできる箇所が空海の著作の中にあるのです。仏一人、文字一つでもマンダラであるといわれたということは、後の日本仏教の歴史にとって必要でした。もしも何十、何百の仏・菩薩が並ぶ図のみがマンダラであるといわれていたならば、日本仏教においてマンダラは残らなかったでしょう。日本人は、世界の構造についてインドやチベット、あるいはヨーロッパの人々のようには関心を持っていません。空海は日本においてマンダラが生き残るためには、マンダラの思い切った簡素化が必要だと感じられていたと思います。

三次元的マンダラ

マンダラには、二次元的なもののほか三次元的なものもあります。三次元のマンダラの作例を見てみましょう。図Ⅲ－13、14は国立民族学博物館所蔵の『チベットの死者の書』に述べられたブータン様式の立体マンダラです。このマンダラには館があり、その中で仏たちが幾何学的な正確さで並んでいるのが分かります。この館と仏たちのコンプレックス（複合体）に対して儀礼あるいは実践が行われました。

『チベットの死者の書』とは、エジプトの『死者の書』にちなんだ呼び方ですが、この書物はチベット仏教では一般に『パルド・トェ・ドル』といいます。「パルド」とは、人が死んで次の世に生まれるまでの七週間の期間（中有《ちゅうう》、中陰《ちゅういん》）のことです。「トェ」とは教えを聞くこと（聴聞）、「ドル」とは輪廻から解脱することです。したがって、この本は、中有の期間に聴聞

図Ⅲ－13（右）『チベットの死者の書』に述べられたブータン様式の立体マンダラ。国立民族学博物館
図Ⅲ－14（左）図Ⅲ－13立体マンダラ（部分）
図Ⅲ－15（左頁）立体マンダラ。雍和宮、北京

によって解脱する方法を説いているのです。この著作はインドで生まれたいわゆる経典（経、スートラ）ではなく、チベットで生まれたものと考えられますが、人が死んだ後、魂が漂いながら次の肉体を得るべく「新しい母」の胎内に入っていく様を述べています。

この書によれば、人が死んだ直後は強い光を見るといいます。その光の中に死者の魂が飛び込むならば、輪廻からの解脱が得られるという声が聞こえてきます。しかし、死者は尻込みします。幾日かが過ぎると、死者の前に仏が現れ、自分の方に来るように死者を招きます。しかし、死者は恐れて仏へと至ることはできません。つぎには、菩薩たちが登場して、死者を招きます。数週間経ちますと、業を煮やした忿怒尊たちも出てきます。仏たちは諦め、せめ

て「良い母」を選ぶようにといいわたし、死者が新しい肉体を得て、輪廻の世界へと戻っていくのを見守ります。これが『チベットの死者の書』の粗筋ですが、死者の前に現れてくる仏・菩薩たちは一つのマンダラのパンテオンを構成します。図Ⅲ－13はそのマンダラです。

次の図Ⅲ－15は、北京にあるチベット仏教寺院雍和宮《ようわきゅう》の境内にある青銅製の立体マンダラです。この寺院は、チベット仏教のゲルク派の僧院であり、モンゴル系のチベット仏教徒によって支えられてきました。この僧院はかの文化大革命の時代においても破壊を免れ、今日、チベット仏教の僧院として機能しており、毎日多くの人が礼拝のために訪れています。写真の端に写っている人間と比べるならば、このマンダラのおおよその大きさが分かると思いますが、かなり大きなものです。このマンダラの下部はメール山を取り巻く山と海です。そして中央部がメール山なのですが、そのメール山の上方に見られる数多くのポツポツした点は、北斗七星とか大熊座などの星座を表しています。ここが天空だというわけです。天空の上に仏たちの館が聳えています。

マンダラの仕組みと働き

次には、マンダラの理論的側面を考えてみます。われわれは行為をしています。生きているとは行為できるということです。行為は生きていることの証です。すべての行為には三つの要素があります。第一に、われわれが行為しようとする場合には、まず自分の置かれている状況を判断します。つまり、現状認識をし、世界観を持とうとします。第二に、行為には必ず目的があります。第三に、ある現状認識に基づいて自分の目指す目的を達成するために手段が選ばれます。このように世界観（あるいは現状認識）、目標（あるいは目的）、そして手段、これら三つの契機はすべての行為に見られます。

マンダラを用いた儀礼・実践もいうまでもなく行為です。マンダラとは、自分が今どのような世界にいるのか、これからどのような世界に入って行くのかという問に答えるものです。すなわち、世界認識を持つための装置なのです。これが行為の観点から考えた場合のマンダラの第一の特質です。

第二に、仏教における修行の目的は、悟りあるいは救いです。悟りそのものは言語表現を超えているといわれます。マンダラは悟りそのものを表現しているわけではないのですが、宗教的な覚醒つまり悟りに至った人が自分の体験を視覚的に表現したものといえます。その体験は人によって異なりますから、さまざまなマンダラ図が生まれたのです。第三に、その目的を達成するためにさまざまなマンダラの儀礼・実践の中からそれぞれのケースに適した手段が選ばれます。例えば、花を捧げて供養すること、弟子を入門させる場合の装置として使うこと、あるいは観想法によって神々を現前に見ることなどが手段として選択されるのです。このようにマンダラは、行為の三要素のすべてに関わります。

図Ⅲ－16は、マンダラの垂直的構造をよりよく理解するために描かれた図です。マンダラの立体的あるいは垂直的構造を上から見下ろすようにすると、図Ⅲ－1～Ⅲ－4のように見えます。垂直に並んでいる地・水・火・風の元素を上から見下ろしたとき、須弥山《しゅみせん》の頂上からはみだして見えるものが、マンダラ図にあっては周縁として表現されているのです。須弥山の頂上に仏たちの宮殿が描かれています。その宮殿の外側は普通、緑色に描かれますが、この緑はメール山頂の芝生と思ってください。

仏教の世界観として須弥山世界が有名であり、これはすでに紀元前の初期仏教にも知られていました。しかし、インドにおいてマンダラが須弥山を世界軸とした構造を有するのは九世紀以降といわれています。したがって、金剛界マンダラなどの初期のマンダラに描かれる「世界」は当初は須弥山世界とは無関係でありました。空海によって唐から請来された金剛界マンダラは、インドの七、八世紀の伝統を伝えていましたので、そこには須弥山は現れません。

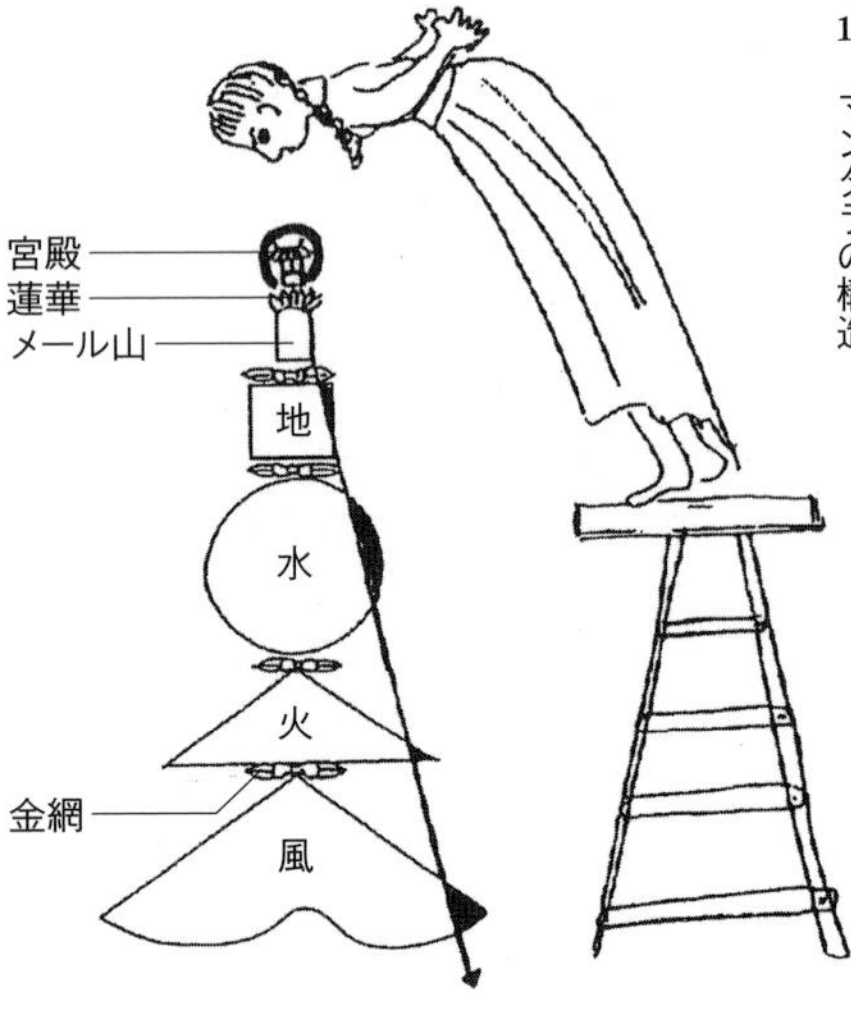

図III－16　マンダラの構造

マンダラという世界は金剛（ヴァジュラ）の籠によって守られている、と考えられております。この金剛の籠についても色々な考え方があります。あるチベット僧は、ヴァジュラ（金剛）とは透明な湾曲したもので、大小さまざまのヴァジュラが敷き詰められて籠のようになり、その籠が世界を中に入れて守っている、と説明されていました。日本の金剛界マンダラの中央部にも金剛の鎖のようなものが井桁に入っていますが、これが世界を守っている金剛の籠の一部だと解釈する研究者もおられます。

すでに述べたように、インドでは世界の原初的イメージはしばしば卵の形を採ります。マンダラの伝統にあっても世界を卵形のものとしてイメージします。風船を膨らましますと、小さなゴムが縦にも横にも膨らんで球の形になります。地球の経線と緯線を思い出してください。膨らんで地球に似たゴム風船にあっては経線にあたるものは空間を表し、緯線にあたるものは時間を表すと考えられます。宇宙のビッグバンが起きたときには、ごく小さなものが猛烈なスピードで成長して巨大な宇宙となったと考えられていますが、マンダラ観想の場合にも小さなシンボルを大きくしていって、宇宙（世界）を意味する球体を心の中で作ります。このような観想は自分が住んでいる世界にかんする認識を得るための作業です。別の観想法では、芥子《けし》の実ほどの大きさになるまで心の中で世界を次第に小さくしていって最終的には「口の中に入れて食べてしまう」場合もあります。

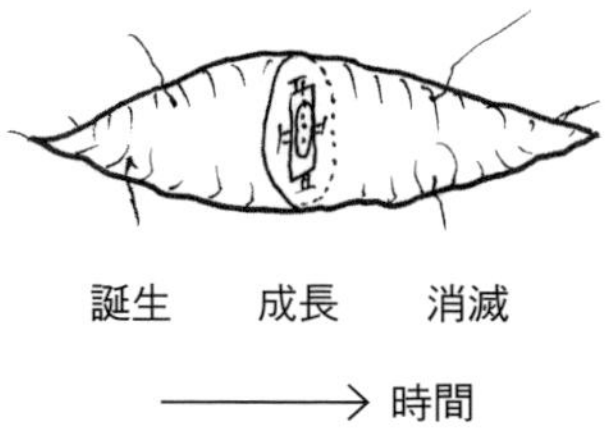

図III－17
生命体の始まりと終わり

　図III－17はサツマイモの絵ですが、このサツマイモの一番左を生命体が生まれたばかりのとき、中央の太い部分が成熟したとき、右を生命が衰えたときのイメージだと考えてください。生命活動がもっとも盛んな太い中央部分を断ち切って、その断面に図を彫りこんでイモ版を作ったとしましょう。このサツマイモの断面に描かれた絵を今日、われわれが一般に見るマンダラ図に譬えることができます。マンダラ観想を行う行者は小さな核、例えばマンダラの中尊の小さなイメージからはじめ、それを順に大きくしていき、やがてマンダラ全体を作り上げていきます。行者によって作り出されるマンダラ・エネルギーがサツマイモの一方の端から始めて最も大きな部分に到達し、次には徐々に勢いをなくしていき、最後にはもう一方の端に至ると考えることができます。観想エネルギーによって作り出されるマンダラは、あたかも一つの生命体の成長と消滅の過程に似ています。つまり、誕生、成長、そして消滅という生命体に必然的な過程を辿ります。

金剛界マンダラの場合、東方に阿閦《あしゅく》、南方に宝生、西方に阿弥陀、北方に不空の四人の完成された仏がおり、中央に大日がいます。図Ⅲ－４のようにわれわれが一般に見る金剛界マンダラ図は、先ほどのサツマイモでいえばもっとも太くなった部分、その活動がもっとも活発になった生命体の状況を示しています。一般にマンダラは一枚の平面図として表されますが、それはマンダラの生涯の一瞬をＣＴスキャンのように表現しているに過ぎません。マンダラ観想法によって心の中でマンダラ世界が「完成した」時点における状態を示しているのです。マンダラ観想法によって心の中で産み出されるプロセスをもしも映像に表現するとすれば一時間以上の動画となるでしょう。

マンダラにもそれぞれの「生涯」があります。金剛界マンダラの生涯は、大日如来が修行者である時に始まって、修行を積み、やがて悟りを開き、阿閦、宝生、阿弥陀、不空の四仏をも自らの中に収めるような大如来になるという歴史であります。これは釈迦牟尼つまりゴータマ・ブッダの生涯が密教的に解釈されたヴァージョンであるといえます。ちなみに、浄土教における阿弥陀仏は、法蔵菩薩が世自在王という如来に就いて修行し、悟りを開いて如来となった仏であると考えられています。これはゴータマ・ブッダの生涯の浄土教的解釈です。大日如来と阿弥陀如来、いずれの場合も歴史の中に肉体を持って現れたゴータマ・ブッダの生涯に対するそれぞれの立場からの解釈なのです。

金剛界マンダラに話を戻しましょう。金剛界マンダラが「誕生」した時は、大日はまだ修行を始めたばかりであり、完全な悟りを得たほとけではありません。したがって、マンダラはいわば中空であり、ドーナッに譬えることができます。かの四人の仏（四仏）に導かれて大日は完成された仏になり、最終的には四方の仏をも含むような大如来になります。そして、ドーナツは中央の高くなった饅頭になります。この時に金剛界マンダラは真の意味で完成されるのです。マンダラは修行者の修行の始めから完成までの階梯を示しています。修行の全過程を体験する修行者の存在がマンダラであるということができます。

マンダラは柔らかい石を砕き、色をつけた細かい砂によって地面あるいは木版の上に描かれることがあります。これはすでにインド密教においてあったことなのですが、今日、チベット密教やネワール密教に残っています。幾日もかけて描いたマンダラはほとけたちを招く館です。ここに仏・菩薩たちを招き、供養した後、ほとけたちに元いたところに帰ってもらいます。その直後、砂マンダラは瞬時に壊されてしまいます。これがマンダラが現れ、そして消滅するすがたとして儀礼では考えられています。

マンダラが時間的側面を表現していることを二次元的なマンダラ図の中に見ることもできます。大日如来を中心に四方に四仏がいることは先に述べましたが、大日（マハーヴァイローチャナ、偉大なる光り輝く者）は太陽の光の神格化であります。太陽が朝昇り、昼に南の空に輝き、西に沈み、また翌朝東に昇ってくるといった時間的プロセスが金剛界マンダラ図に表現されていると考えられます。このマンダラでは下が東ですが、東の阿閦如来の身色は青で朝焼けの色です。南の宝生如来は太陽が南に昇ったときの黄色です。西つまり上の阿弥陀は夕焼けの色です。北は緑、夜の不空如来の色です。そしてまた青い阿閦に戻ります。このように、金剛界マンダラは朝から一日終わってまた朝になるという円環運動が示されていると考えることができます。

このマンダラ図はまた幼年期、青年期、壮年期、老年期、さらに幼年期を表すともいわれます。このように金剛界マンダラを始めとしてほとんどの二次元のマンダラ図には円環的な時間が表現されているといえます。先ほどわたしは生命体の誕生から消滅までの全存在がマンダラであると述べましたが、この誕生から消滅までのプロセスは一方的で非円環的な時間をも有していますが、密教においては円環的な側面をも有していると思われます。つまり、マンダラあるいは密教は、生命体の時間を円環的および非円環的（一方的）の両側面から考えているのです。

マンダラに表現される円環的な時間の有するエネルギーには、マンダラという世界を存続させる方向のみではなく、そのマンダラから外にはじき出される方向もあります。例えば、金剛界マンダラにおいて東方の阿閦は象に乗っております。宝生は馬に乗り、阿弥陀は孔雀を乗り物として、不空はガルダ鳥に乗っております。時計方向に行けば行くほど加速度的に勢いがつくということが意識されているようです。加速度的な勢いはマンダラという世界を保つように働くとともに、マンダラすなわち世界の外へと流れ出ます。このように、マンダラは遠心的なエネルギーと求心的なエネルギーとの両方を有しています。この異なる二つの方向は、次の第四章で扱われる阿弥陀如来と大日如来の違いを説明するキーワードになります。

このように、マンダラにはさまざまな工夫がなされています。さらには、中心と周縁を考える必要があります。中心と周縁とのやりとりにおいて仏教の修行の道筋が描かれているわけでありま す。このように、マンダラは世界の図でありますけれども、修行のチャートでもあります。

マンダラは単に修行のステップを示しているに留まりません。マンダラは修行者（世間《せけん》）が住む器としての世界（器世間《きせけん》）の歴史あるいは生涯をも踏まえています。「マンダラ」という器は仏たちが住む世界空間である、ということは可能ですが、その場合は、そのマンダラとは誕生から消滅に至るまでの歴史を視野に入れた時間的存在であります。

すでに述べたように、マンダラには三層のシンボリズムがあります。第一層においてマンダラは世界を指し示します。地球もまた一つのマンダラであります。第二層においては心を指し示します。そして第三層においては身体を指し示します。この世界と心と身体とが相同の関係にあるというのがマンダラの大前提です。

マンダラはそのように世界でありつつ、一方では空なるものであります。世界としてのマンダラは空の実践に裏打ちされた、常に否定さるべきものであり、決して永遠不変のものではありません。「色（物体）は空である」とは『般若心経』の言葉でありますが、世界であるマンダラも空なるものです。生命体としてのマンダラは空すなわち、否定的側面を有しています。その否定的側面の代表的なものは死です。もっともマンダラ図そのものに死が描かれているわけではなく、死神がマンダラの中尊となるわけでもありません。しかし、もしもマンダラという閉じられた世界が生きているものの時間を示しているとしたならば、マンダラの外の空間は死を表していると考えられます。つまり、マンダラという生者の世界はその外の死の世界によって締め上げられているのです。生を否定するもの、すなわち死を意識するからこそ生命に対して聖なるものとしての意味を与えることが可能となるのです。

人が死を思うとき、自分という舞台の上で自分の時間の終わりを考えます。大乗仏教では、「自分を考えている自分」の中に自分を超えたペルソナを登場させます。考えられている自分と、自分を考えている自分と、自分を超えた神的存在とがどのような関係にあるかは、それぞれの学派あるいは宗派によって異なります。ただいずれの場合にあっても、考えられている自分と自分を考えている自分とはともに俗なるものとして否定されることです。もちろんその否定は虚無の中に住むことを目指すのではなく、否定を通じてのよみがえりを目指していました。そのような俗なるものの否定を通じて聖なるものとしての超越的存在との関係が保たれるのです。大乗仏教、特に浄土教と密教にあって、自分を超えた存在は人格を伴った「神」(deity)というにふさわしいものです。

ではどのような「神」が大乗仏教において登場したのかを次の第四章において考えたいと思います。

第四章　ヨーガと帰依（バクティ）

扉・写真　ターラー女神。ネパール国立博物館
（チャウニー地区、カトマンドゥ）

浄土の仏

第一章にあっては、主としてインド仏教史においてブッダ(仏陀)のイメージがどのように変容したかを見ました。第二章では、さまざまなすがたの仏たちが登場するネワール密教のマンダラを見ました。第三章では、仏たちと彼らが住む宮殿との複合体であるマンダラは、聖化された世界であることが明らかになりました。

インド仏教さらには中国や日本の仏教において、阿弥陀仏の浄土への信仰は密教とは異なる伝統として存続してきました。日本仏教においても法然や親鸞を祖とする浄土教と空海を祖とする密教が日本仏教の中では大きな位置を占めております。それらの二つの伝統はたしかに仏に対する考え方などにかんしては異なっているようですが、どのような意味で異なっているのでしょうか。もしかすると、両者は「異なっている」といわれるほどには異なっていないのかもしれません。

この第四章においては、浄土教の阿弥陀信仰と密教におけるマンダラの伝統とがどのような関係があるかを考えます。この考察によって、仏教史に登場したさまざまの仏たちが結局、ひとりのブッダの諸側面を示していることが分かると思われます。

一七〇〇~八〇〇年にわたるインド仏教史、さらにはアジア全体における二五〇〇年の仏教史の中でブッダの教説は均質なものではなく、そのイメージの変容は著しいものであるといわざるを得ません。しかし、ブッダのイメージや教説の変容が著しいことがむしろ仏教史の特徴なのです。インド仏教における一連の教説あるいは経典の歴史は、一つの生物が幾多の障害に出会いながらもそれらを乗り越えて、成長していく様に譬えることができます。ブッダのイメージや教説の変容を擁する仏教史は、仏教徒がそれぞれの時代の歴史的状況に対処しようとした努力のプロセスといえます。歴史の中で仏教が求めてきた宗教的財は精神的救済なのですが、インドの仏教史はその全歴史を通してひとつの救済論的な歩みを示していると考えられます。仏教史における仏のイメージの変化について、わたしは『仏とは何か――ブッディスト・セオロジーⅢ』（講談社、二〇〇七年、一～二頁）において次のように述べました。

初期仏教においてブッダはあくまで人々の師であり、人間以上のものではありませんでした。大乗仏教においてブッダは、崇拝対象としての「神的存在」となりました。「神的存在」となったブッダ（仏）は、仏教徒ひとりひとりが精神的救済を求めようとする際、人が「交わり」を有し得る相手でもありました。「交わり」あるいは対話が可能であるという意味において、阿弥陀仏、大日如来などの大乗の仏たちは「ペルソナ」（人格）を備えた仏ということができます。浄土教における阿弥陀仏は、師というよりは救済者というべきでしょう。

このような師としてのブッダから崇拝の対象であり救済者でもあるブッダへの変容の歴史は、仏教史の救済論的な歩みを示している一例と考えることができます。師としてのブッダから救済者としてのブッダへの変容は、仏教の歴史的展開として必然であったと思われます。

人格を有する聖なるもの、つまり「神」との交わりによって精神的な救いを得ようとする崇拝形態は、バクティ（帰依、献愛、献信）と呼ばれます。インドにおいて紀元前二、三世紀頃には、バクティと呼ばれる新しい崇拝形態、あるいはその萌芽が見られましたが、この崇拝形態がはっきりとしたすがたを採るのは紀元一、二世紀頃です。バクティは仏教のみならずヒンドゥー教をも巻き込んだ汎インド的な運動であったといえます。汎インド的観点から見るならば、初期大乗仏教における阿弥陀崇拝はバクティの一形態であるといえましょう。

「バクティ」という語によって阿弥陀信仰を指すことに対する反論が予想されます。たしかに「バクティ」という語は、『阿弥陀経』などの初期大乗仏教経典では少なくとも基礎的な語としては用いられていません。また、初期大乗仏教における阿弥陀崇拝がヒンドゥー教におけるバクティとまったく同じ崇拝形態であるということはできません。しかし、ここではわれわれはこの時期のインドの宗教形態をギリシャ、イスラエル、中国などにおける宗教形態と比較しようとしているのですから、汎インド的観点からひとまず初期ヒンドゥー教のヴィシュヌ崇拝と阿弥陀崇拝とをバクティ崇拝という枠に括って考察を進めたいと思います。ちなみに大乗仏教に理論的モデルを与えたといわれる龍樹は『中論』の中でこそ浄土教について触れていませんが、彼が浄土教に関係していたことは十分ありうることです。

阿弥陀仏へのバクティは、初期仏教におけるブッダ崇拝と比較するならばその特徴が明らかとなります。すでに述べたように、初期仏教において、ブッダは先生であり、船頭であり、教師、手本でありました。しかし、魂の救い主としての「神」と呼ぶべき存在ではありませんでした。ブッダは「サイの角の如く一人で歩め」（『スッタニパータ』「犀の角の章」）といわれて、弟子たちを勇気づけていました。しかし、イエスのように「私について来なさい」とはいわれなかった。浄土教における阿弥陀は、ゴータマ・ブッダとは異なり、いわば魂の救い主であり、浄土に生まれようとするものにとって、二〇〇を超す戒律の項目を守ることは必須条件と考えられてはいませんでした。仏教におけるバクティ崇拝の登場は、それまでの初期仏教と浄土教とを区別するものでありました。

ヒンドゥー教におけるバクティの初期的なものではありますが、典型的な例として『マハーバーラタ』の中の一挿話『バガヴァッド・ギーター』（『ギーター』）におけるヴィシュヌ崇拝があげられます。紀元前一世紀頃には『ギーター』の原形が成立し、紀元二世紀の中頃に現在の形を採ったと思われます。『ギーター』は知（ジュニャーナ）の伝統と行（カルマン）の伝統（祭式の伝統、行為の伝統）の二つの道を統一させた後、知と行の上に位置する第三の道としてバクティを導入します。そのバクティがヴィシュヌという人格神に対する崇拝なのです。ヴィシュヌはアルジュナ王子に対して「私に至れ」といいます。『ギーター』におけるヴィシュヌへの帰依は、それまでのヴェーダの宗教におけるインドラやヴァルナのような神々に対する崇拝とは異なっています。また、ヒンドゥー教が明確な形を採る以前、すなわち、紀元前五、四世紀の成立と考えられているエピソード「ナラ王物語」（『マハーバーラタ』の中の一挿話）においても『ギーター』におけるようなバクティ崇拝は見られません。

このような意味で阿弥陀に対する崇拝は、それまでの仏教史になかった種類のものです。『ギーター』が浄土教と歴史的な関係があったか否かは今置くとして、後世、汎インド的なレベルで密教がインドに広がるのと同じように、ヒンドゥー教のみならず仏教においても紀元前後から二世紀頃までにバクティ運動が起きたと推定されます。インド初期浄土教の基本経典のひとつである『阿弥陀経』は二世紀頃の成立といわれていますが、阿弥陀崇拝の内容は、それ以前の仏教に見られたブッダ（シャーキャ・ムニ、釈迦）への崇拝とはかなり異なっています。「ペルソナを有する聖なるもの（人格神）との交わりによる精神の救済」ともいうべき阿弥陀崇拝は、戒律を守り、業と煩悩を滅して悟りへと至るというような実践形態とは異なったものです。阿弥陀のようなバクティ崇拝の対象になる仏が現れたということが大乗仏教の一つの特徴でありましょう。いささか乱暴な言い方をするならば、大乗仏教とそれ以前の仏教との重要な違いはゴータマ・ブッダに対する崇拝と、例えば阿弥陀仏のような「人格神」に対する崇拝の違いだといえます。

紀元前二世紀頃から紀元二世紀頃の時期には、ヒンドゥー教や仏教のみならず、キリスト教においてもこの新しい崇拝形態、つまり、「人格神との交わりによる精神の救済」が生まれつつありました。つまり、インド世界を超えて世界的なレベルにおいて宗教の変革が行われていたのです。ドイツの哲学者カール・ヤスパースがブッダ、ソクラテス、孔子、イエスを含む時代を「枢軸の時代」と名付けたことはよく知られています。彼のいう「枢軸の時代」の前半と後半において大きな変革があったと考えられます。ヤスパース自身は「枢軸の時代」におけるこのような変化について述べているわけではありません。しかし、「ゴータマ・ブッダから阿弥陀への変化」はヤスパースのいう「枢軸の時代」の中で特筆すべき大きな変化であったといえます。

ヨーガとバクティ

これまでバクティについて述べてきましたが、バクティと密接に関係することもあり、ここでヨーガについて述べておきます。インドの宗教にとってヨーガはもっとも基本的な実践方法です。仏陀が悟りに至られた方法もヨーガでありました。したがって、ヨーガには二五〇〇年以上の伝統があります。大きく分けて、ヨーガには古典ヨーガと密教的ヨーガとの二種類の流れがあります。ブッダ、初期仏教、さらにはヒンドゥー教の『ヨーガ・スートラ』（紀元二〜四世紀編纂）などのヨーガの伝統は古典ヨーガの伝統と呼ぶことができます。後者の密教的ヨーガは、特に後期仏教タントリズム（密教）の行法やヒンドゥー教の「ハタ・ヨーガ」の伝統において受け継がれていきました。密教的ヨーガにおいてマンダラは重要な装置あるいは補助手段として用いられました。後世、密教的ヨーガはシャマニズムと結びつきました。後期密教の観想法の説明の際にお話したとおりであります。禅は古典ヨーガの系統に属すものであり、密教的ヨーガの系統に属してはおらず、シャマニズムとの結びつきもありません。それゆえ、禅宗においては神懸りになるというようなシャマニズム的行法は魔禅として徹底的に排除されます。

仏教のみならずヒンドゥー教も含めてインドの宗教における実践のかたちは、ヨーガとバクティという二つによって語ることができます。両者のうち、ヨーガの方が主たる役割を果たします。仏教史におけるこれらの二種の実践のあり方は、ヨーガという方法が基本としてあって、その基本の上にバクティという崇拝形態が存するという構図によって理解できます。

ゴータマ・ブッダへの崇拝から阿弥陀仏への崇拝という変容は、実践形態の観点からいうならば、ヨーガの伝統が基本として存続する一方で、バクティの伝統が新しく加えられた変化ということができます。

『ギーター』に対しては多くの注釈書が書かれ、それらの注釈書に著された思想内容の歴史はヒンドゥー教思想史として見ることができるほどです。『ギーター』の解釈の歴史の中でも、ヨーガに重きを置く流れとバクティの方を重視する流れとがありますが、全体的にはやはりヨーガが基礎であったということができます。

仏教では「ヨーガ」という語も用いられますが、「禅定」（ドゥヤーナ）、「三昧」（サマーディ）といった語の方が一般的です。しかし、ここでは汎インド的概念として「ヨーガ」という語を用いようと思います。インド初期仏教（紀元前後まで）における重要な実践はヨーガでありましたが、中期仏教（紀元前後～六〇〇年頃）以降はヨーガの実践に加えてバクティも重要な崇拝形態となります。すでに述べたように「バクティ」運動の台頭はインド中期仏教の初期、すなわち大乗仏教の台頭期において見られますが、その後の大乗仏教、特に中国や日本の仏教においては仏教信仰の中核となっています。また、ヨーガとバクティはともにネパール、チベット、中国、日本などの大乗仏教にあっても重要です。

日本仏教の宗派には、空海が建てた真言宗、法然や親鸞を祖とする浄土教、さらには栄西や道元を祖とする禅宗の伝統があります。これらの三派の祖師たちの思想と実践は、実は日本仏教の三典型であるばかりではなく、この三つの型は、インド・チベット・中国の仏教における典型であるともいえます。

すなわち、仏教一般の思想・実践のあり方は（一）ヨーガ（禅はその一種）、（二）バクティ

（阿弥陀仏などへの帰依、帰命）、（三）ヨーガとバクティとの統一としての密教の三つに分けられます。ブッダにはじまり今日に至る仏教者たちはこの三つのいずれかの道を歩んできたのです。日本仏教を代表する栄西・道元、法然・親鸞、空海はそれぞれヨーガ、バクティ、両者を統一した密教の道を進まれたといえましょう。

　仏教においてヨーガは、ヒンドゥー教におけると同様、大きく変容しました。初期仏教ではヨーガは「心作用の統御あるいは止滅」を目指すいわゆる古典ヨーガであったのですが、中期では「現前に仏を見る行法」（見仏）などと呼応するものとなり、心作用の止滅を主要な課題とする古典ヨーガに加えて、心の作用をむしろ「研ぎ澄ますこと」を修練するようなタイプのヨーガが実践されるようになりました。後期では、心作用をさらに鋭く研ぎ澄ませ、「凝らすこと」によって心作用を活性化する型のヨーガや「仏と一体になる行法」（サーダナ）などの密教的ヨーガが重要になります。

　大乗仏教では、ヨーガにあってもバクティ（帰依）にあっても、その崇拝の対象、例えばブッダのイメージが重要なテーマとなります。というのは、ある対象に向かってヨーガがなされる場合、実践者はその対象のイメージを鮮明に心の中で思い起こす必要があるからです。ある人格神に対してバクティがなされる場合も、少なくともインドにおけるかぎり、その人格神のイメージを崇拝者は明確に覚えていなければなりません。このような意味でわれわれは第一章においてブッダのイメージの変容をみたのですが、この章においても再度、ブッダのイメージの変容を、ヨーガの実習とバクティ崇拝との関連においてとりあげることにします。

仏塔のシンボリズム

インド仏教史におけるブッダのイメージについて考える場合、われわれまず仏塔について考えねばなりません。仏塔は人間としてのブッダのすがたを写したものではありませんが、仏塔の象徴作用はブッダのイメージと深く結びついているからです。

仏塔の基本的イメージは卵です。卵が世界を意味することはすでに述べました（五二頁）。仏塔の基本的イメージである卵は世界を意味し、さらに坐っているブッダの姿でもあります。後世では、ブッダは世界であり、世界はブッダの身体だ、というシンボリズムが生まれました（三三頁）。一方、仏塔がブッダの涅槃のシンボルであるとは、仏塔が当初から有していた象徴的な意味でした。涅槃とはこの世界からの超越です。このように仏塔には、この世界からの超越（涅槃）と、この世界そのものを表すというように、相反する方向を有する二種の意味があります。これらの二方向は、後に考察する二つの方向、つまり求心的および遠心的方向を有する仏たちと呼応します。仏教徒が仏像と並んで仏塔というシンボルを有してきたことは、仏教徒にとって幸運なことでした。仏塔を有することなく仏像のみを崇拝の対象として用いていたならば、世界を象徴するシンボルを仏教徒が有することは困難であったからです。世界の構造について関心のたかまりを示していた大乗仏教徒たちは、シンプルかつ強力な世界のシンボルを必要としました。

仏塔というシンボルの機能は、少なくともインドにおいては、シヴァ神のシンボルであるリンガとの関係において考える必要があります。というのは、ヒンドゥー教徒がリンガを寺院の本堂の奥に置いてその周囲を右回りにまわったように、仏教徒も仏塔を本堂の中央に置いて右回りにまわったのです。この場合には仏塔もリンガもともに世界という象徴的な意味を有していたと思われます（五三頁）。つまり、仏教徒もヒンドゥー教徒も卵形によって表される世界を「聖なるもの」として崇めていたのです。このようにして、仏教徒はヒンドゥー教徒と対抗できるシンボル装置を有することができたのです。

紀元一世紀頃にガンダーラ地方においてブッダは人間の姿に表現されるようになりますが、その作例は明らかにギリシャ的様式の要素を有しています。もっともギリシャ的な様式を備え、普通の人間に近い姿をしているからといって、その彫像が表現している者に超人的な能力がないとはいえません。ギリシャ神話の神アポロンが人間の姿に表現されていたとしても、彼の能力は人間のそれをはるかに超えています。ともあれガンダーラ美術においてブッダは、後世に見られるような多面多臂の姿で描かれることはありませんでした。また、マトゥラー美術の作例にあっても、ブッダは質素な僧衣をまとった姿、すなわち如来形で表現されます。しかし、七世紀の成立と考えられている『大日経』において如来は冠、首飾り、きらびやかな衣で飾られた姿、すなわち菩薩形で語られています。このようなブッダのイメージの変化に関してわれわれはすでに第一章で見てきました。

ブッダの滅後二、三世紀を経ますと、ジャータカ（本生《ほんじょう》物語）が生まれてきます。ジャータカとはブッダの前世を語る物語です。ブッダの在世当時には輪廻説が存在したことは確かなのですが、ブッダ自身は輪廻説をほとんど取りあげませんでした。しかし、時間が経るにつれて、シャカ族の太子として生まれたあの生涯の前世は何であったか、を人々は考えはじめ、前世をテーマにしてさまざまな物語をつくるようになりました。つまり、ブッダにも前世があったのだと人々が考え始めたのです。

ジャータカ物語はブッダの過去世の物語であって、次の世のブッダの物語ではありません。ジャータカ物語では、ブッダ自身が弟子達にむかって自分が菩薩であった頃の出来事や経験を話します。自己犠牲によって他者を助けたことによってブッダが今生、悟りを開いたという話がしばしば語られます。ここで注目すべきは、ジャータカのなかでは少なくとも過去世と今生つまり、二つの世代にまたがる「生」が認められていることです。つまり、仏教徒たちは輪廻思想を認めたうえで、ジャータカにおいてブッダに自分自身の過去世を語らせているのです。ジャータカ物語の多くは、菩薩としてのブッダが自分の命を投げ出して他者を救ったという自己否定の物語です。これは、自分の身体を火のなかに投じて自分の身を捧げたウサギのように、自分の身を捧げて他者を救っていった菩薩あるいは聖者としてのブッダを人々が考えはじめたことを意味しています。涅槃という一つの大きな終局に向かい、ブッダの時間がそこへ収斂していきます。人々はブッダの涅槃を、十字架にかけられたキリストのように、自分たちを救うために犠牲を払ってくれた聖者であると見るようになってきたのです。

ブッダの働きが行われる「世」あるいは時間は、ブッダのイメージと関連する問題であり、ブッダのイメージを考察する際に考えておかねばなりません。初期ニカーヤ経典において仏の働きは、過去世でも来世でもなく、現世において行われます。しかし、ジャータカ物語に現れる仏は自らの過去世を語ります。つまり、ここでは仏の生涯は現世と過去世の二世にまたがっています。だが、仏の来世に対する関心を示されてはいません。ジャータカでは仏は涅槃に入った後はもはや輪廻の中にはいないと考えられていたからでしょう。ジャータカでは人々の来世は問題になっていません。もっとも自分の命を助けてもらった猿を殺そうとした者が地獄に堕ちたと伝えるジャータカがありますが、一般の人間が死後、天界に行くとか、仏国土に生まれるといったジャータカ物語はありません。これは、ジャータカがブッダその人の過去世物語であるゆえに、当然のことではありましょう。しかし、浄土経典において仏は人間たちひとりひとりの来世に関わります。このことは、ジャータカにおける仏の働きと浄土経典におけるそれとが異なってきたことを物語ります。

アビダルマ仏教において仏はすがた・かたちを採ったイメージで語られることもありますが、究極的には煩悩と業を滅し、すがた・かたちのない存在と考えられています。アビダルマ仏教の代表的学派であり、『倶舎論《くしゃろん》』に詳しく説かれる説一切有部《せついっさいうぶ》の教説によれば、輪廻の存在も肯定され、過去・現在・未来という三時も存在します。したがって、説一切有部の教説においては仏の「働き」は時、少なくとも現在時を超えているということもできます。しかし、アビダルマ仏教の教義において仏は修行者ひとりひとりの来世について、浄土経典におけるように、修行者それぞれの死後について語りかけているわけではありません。

ブッダの生涯と涅槃

ブッダは誕生され、そして出家され、修行された後に、悟られます。その後、四十数年間、人々を導き、八〇歳の時に涅槃に入られたと伝えられています。ブッダの生涯は、仏教史において重要です。ブッダの生涯をどのように解釈するかということが、後世の仏教、例えば、ジャータカの考え方、浄土教さらには密教などの特質を語ることになるからです。特にブッダの

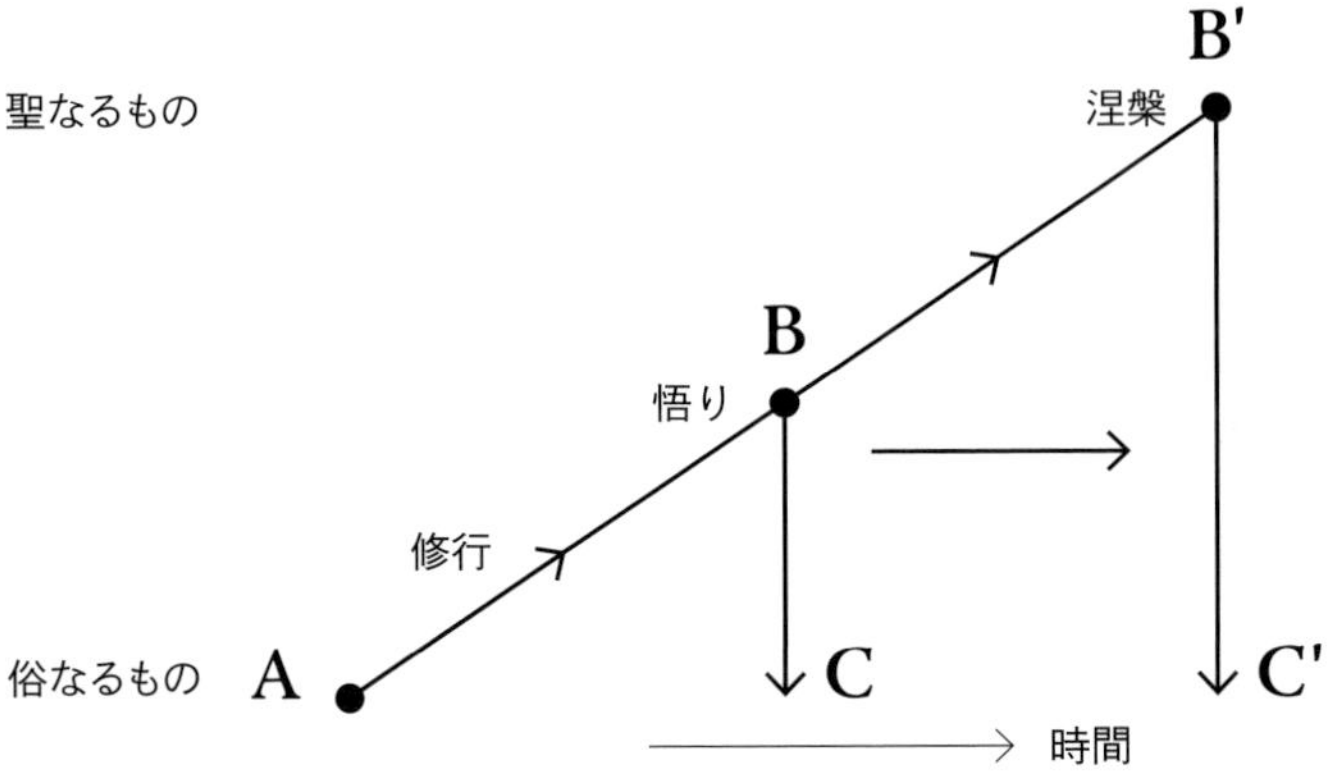

図IV－1　ブッダの生涯における修行・悟り・涅槃

生涯の結論ともいえる涅槃をどのように考えるかは、仏教史において決定的に重要な問題です。

ブッダの生涯を考察するために一つの図を描いてみました。この図（図IV－1）は、わたしが「ＡＢＣ三点の図」と呼んでいるものの一種ですが（拙著『空の実践——ブッディスト・セオロジーIV』講談社、二〇〇七年、一二頁）、ブッダの生涯における宗教実践の軌跡を図示しています。ブッダは迷いの状態（Ａ）つまり「因の状態」から道（ＡからＢへの方向量、ベクトル）を通って悟り（Ｂ）に至ったということができます。ＡからＢに至る線が斜めであるのは、俗なる領域であるＡ（図IV－1では下方）から聖なる領域であるＢ（図IV－1では上方）に至るためにはある程度の時間の幅が必要だからです。ブッダが出家されてから悟りを開かれるまでには数年が経過したと伝えられています。Ｂに至ったとき、すなわち悟りを開かれた後、ブッダは人を導くために「聖化された迷いの状態」（Ｃ）へと至る一方で、悟りの世界の中に住みつづけられた（BからB'）のです。B点（悟り）からCへと至るためには長い時間は必要ではありません。B点に至ったときとCの状態を思いやるときとはほとんど同時です。それゆえに、BからCへの線は垂直に描かれています。

悟りを得た段階あるいは時点（B）に至った後は、ブッダはAからBに至る方向（俗なる世界に対しては否定的で、遠心的な修行の方向）を持ち続ける一方で、人々のために俗なる世界（C）へと心を向けられました。このような二種の方向は涅槃に至るまで続いたと考えられます。この図はブッダの生涯における宗教実践の軌跡のみではなく、『中論』の基本思想、阿弥陀崇拝の構造、密教実践の基本構造などを図示する場合に用いることができます。例えば、次のA、B、C三点の図（図Ⅳ－2）は、『中論』に述べられた龍樹の基本的思想を示しています（拙著『聖なるもの　俗なるもの――ブッディスト・セオロジーⅠ』講談社、二〇〇六年、一六四頁）。また、この図は大乗仏教におけるブッダのイメージの変容を考察する際にも有効です（一五一頁）。

AからBに至る歩みは「俗なるもの」が否定されて「聖なるもの」へと至るベクトル（方向量）を表しており、Bは空性を示しています。空性には誰も留まることはできません。ここに至った者はすぐさまBからCへ、すなわち「聖なるもの」から「俗なるもの」への歩みを始めます。『中論』二四章第一八偈には「縁起であるものを空性という。それ（空性）は仮説であり、中道である」とありますが、ここではA（縁起）からB（空性）へ、さらにBからC（仮説・中道）へという宗教実践の方向を読み取ることができます。

本章のはじめにインド初期仏教のブッダ観と大乗仏教におけるそれの違いを問題にしたいと

図IV－2
『中論』における縁起・空性・仮説・中道

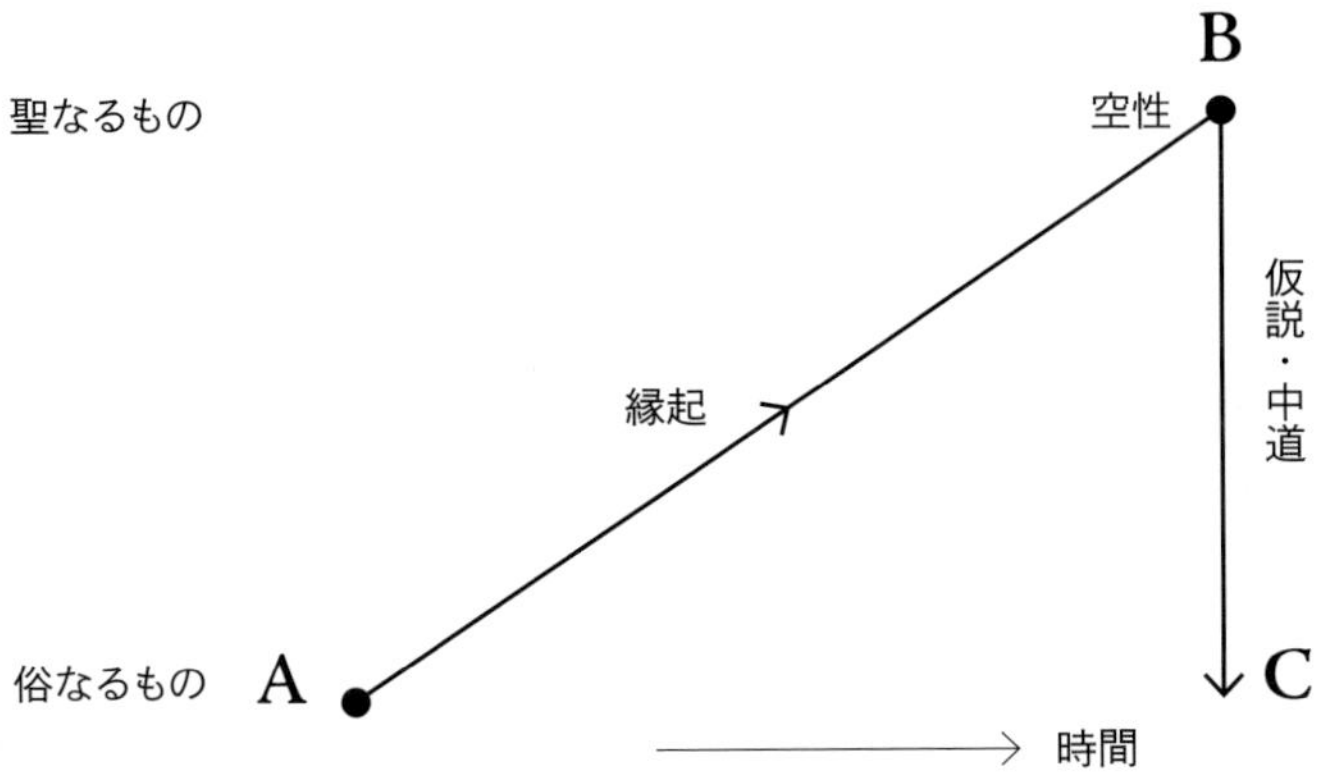

述べました。しかし、大乗仏教の歴史のなかにあってもブッダのイメージは大きく変わっていきました。われわれはインド初期仏教のブッダ観と大乗仏教におけるそれの違いを考えていくのですが、そのためにも、大乗仏教の中のブッダのイメージの変容を考えねばなりません。

大乗仏教がかなりはっきりした教義を有するようになった四世紀頃には「仏の三身説」という考え方が現れます。つまり、ブッダには三つの身体あるいは様態（法身、報身、化身）が存するという考え方です。人々は、ブッダ（釈迦）の肉体は確かに亡んだのですが、ブッダが説いた法そのものは、元来どこかに存在するのではないか、ブッダは肉体を持たなくともどこかで姿を採り、人々に法を説いているのではないかと考えはじめたのです。

歴史上の人物としてのブッダ、つまりシャーキャ・ムニは、法というものが肉体という形をとった化身であると考えられました。法身とは法そのものを身体としている仏という意味ですが、この仏の身

図IV－3
遠心的ベクトルと求心的ベクトル

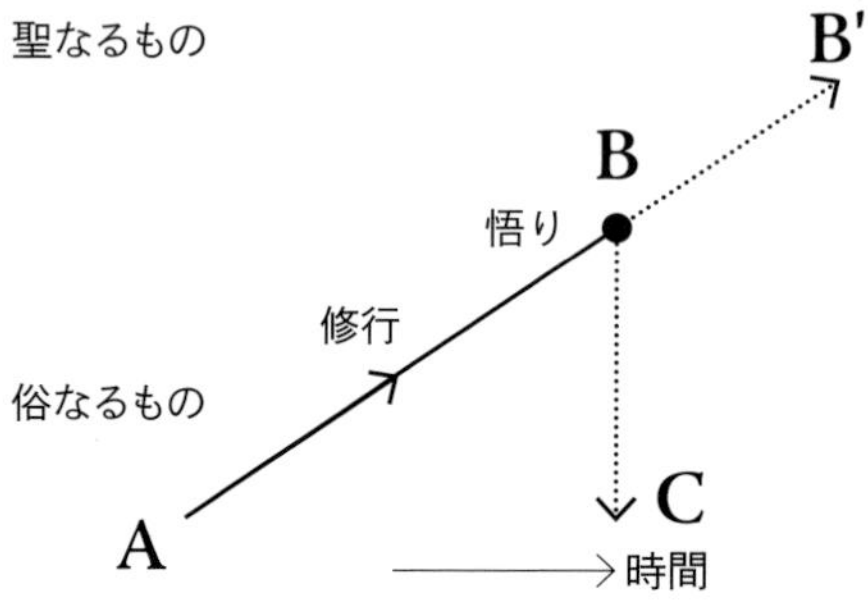

・AからBに至る方向を有するエネルギーの一部は、そのままの方向を保持してBからB′へと進みます。
・BからB′へのエネルギーは遠心的です。「俗なるもの」あるいは自己の否定を続けるエネルギーといえます。
・BからCへという方向を有するエネルギーは「俗なるもの」へと戻ろうとしており、求心的エネルギーといえましょう

体の実在性は前提とされているのですが、一般には眼に見えません。報身は、イメージと働きはあるのですが肉体は持たない仏たちなのです。化身は実際の歴史のなかに肉体を持って現れた仏であります。この三つの様態で仏を考えようという考え方が三身説です。これは、大乗仏教において特徴的な考え方であり、インド初期仏教にはありませんでした。

　三身説の構造を理解するために、図IV－3を見てみましょう。これも一種のABC三点の図であります。Aは「俗なるもの」つまり迷いの世界を指しています。Bは「悟り」つまり聖なるものの世界を指しています。AからBの移行、つまり修行には時間の幅が必要です。そして、B点は、個人が修行する時に、何がBかということは個人によって違いがあります。B点に達した人はその瞬間にもう一度元の俗なる世界に戻っていくのです。より正確にいえばB点つまり「聖なるもの」の力によって聖化された世界Cに戻ってきます。この時の、気づいた時間と戻ってきた時間はほとんど同時です。長い時間をか

けて修行してあるものを悟ったその時、自分はもともとこのような世界にいたのだという悟りは、ほとんど同じ時間です。ただCに至ったとしても、また新たな修行がはじまるのです。

図IV－3において、AからBへの歩みは自己否定的です。槍が投げられたときに例えると、今の世界を否定して、出ていこうという遠心的な、自分を否定していこうとするエネルギーが働きます。つまり、ものが投げられたときに、そのままつまりAからB'へと飛び続けようとするベクトル（方向量）と、もう一度地上へ戻っていこうとする、つまりBからCへと進むベクトルの二つがあります。AからBへ至り、そのままその方向で走り抜けようとする、つまり今の世界を脱しようとする方向（遠心的な方向）と自分を保存する方向、あるいは維持する方向（求心的な方向）の二つがあるとしますと、遠心的な方向を代表しているのが阿弥陀仏の力であると思われます。この世界を否定していくエネルギーに浄土教は注目します。したがって、極楽浄土はこの娑婆世界から離れた遠くに存在するのです。求心的な方向は仏教史のなかでは特に密教が重視します。密教において用いられるマンダラは、今述べている意味における求心的な方向を有する歩みのチャートとして描かれた図であるといえましょう。

仏と仏国土

「浄土」とは清浄なる仏国土を意味します。「浄土」の「土」は国土のことであり、この場合の国土は仏の住む国を指します。「仏国土」という概念はすでにパーリ経典「アヴァダーナ」（『比喩経』『南伝大蔵経』二六巻、九頁）に現れています。大乗仏教経典においてもこの語は『維摩経』（『大正蔵』第一四巻五三七a）、『華厳経』（『大正蔵』第九巻一〇b）などにしばしば現れます。

日本で「浄土」といえば、阿弥陀仏の国土である極楽浄土のことを言う場合が多いのですが、「浄土」とは仏国土一般を指し示す語です。したがって、大日如来の住む蓮華蔵世界も一つの浄土です。また仏教では一つの仏国土には一人の仏しか住むことができないことになっています。それゆえ、極楽浄土には仏としては阿弥陀仏ひとりが居られて、蓮華蔵世界に住む仏はただ大日如来ひとりです。

さて、この娑婆世界という仏国土に住まわれる仏は釈迦です。「娑婆」とはサンスクリットでは「サバー」（sabhā）であり、この語は元来、集会場、堂などを意味します。プラークリットつまりサンスクリットの俗語では「サハー」（sahā）あるいは「サハ」（saha）といいます。娑婆世界といえば、われわれが住むこの世界であり、それは阿弥陀崇拝においては穢土つまり不浄なる国土と考えられます。穢れに満ちたこの娑婆世界から離れて阿弥陀の住む清浄なる国土である極楽に行くと考えられたのです。

おおまかにいうならば、仏教誕生から部派仏教が盛んになる時代、つまり初期仏教の前半期にあっては、ブッダは人々の住むいわゆる娑婆世界に住むと考えられていました。おそらくは初期仏教の後半期において盛んに編纂されることになったジャータカ物語においてはブッダは「この世」に生まれかわる存在でありました。部派仏教の時代において、ブッダは三界つまり、欲界、色界および無色界を超えた存在であると考えられていましたが、娑婆世界を超えた別の世界の存在とは考えられていなかったのです。

初期大乗仏教に台頭してきた浄土信仰における阿弥陀の仏国土は、娑婆世界から遠く離れたものと考えられていました。しかし、大乗仏教において仏国土の位置は徐々に娑婆世界に近いものになっていきました。例えば、『阿弥陀経』や『無量寿経』などより後に編纂されたと考えられる『法華経』においては、極楽浄土のように娑婆世界から遠く離れたところに仏国土を考えるのではなくて、娑婆世界における仏国土の出現を望む姿勢が見られます。この経典では大地から仏塔が現れ、その中から如来が現れたと記されています。釈迦の遺体が荼毘に付された後、八つに分けられていた遺骨が一ところに集められることによって釈迦が蘇るのです。その蘇ったブッダはこの娑婆世界から遠くへと旅立つのではなくて、この世界に留まります。したがって、『法華経』におけるブッダは、娑婆世界という仏国土に住むブッダとなります。

このような人格（ペルソナ）を伴い、悟りと涅槃の具現である仏の働きは、仏教史の中で二つの方向を持って現れます。一つは、『阿弥陀経』や『無量寿経』に見られるように、われわれが住んでいるこの娑婆世界を超えたところに住む仏に対する信仰が生まれたことであります。娑婆世界から抜け出したところに仏が求められた。これが第一の方向です。

第二の方向は、『法華経』に見られるように、この娑婆世界から抜け出るのではなくてこの娑婆世界の中に仏の永遠の命を見ようとする方向であります。このように、われわれが死後に住む世界あるいは少なくともこの人間の住む世界を抜け出した所に仏を求めようとする方向と、われわれが住む世界の中に仏を求めようとする二つの方向が認められるのです。

『法華経』では、仏塔が地中から湧き出てくるといった叙述にも見られるように、われわれの住む娑婆世界における仏が求められます。この第二の方向は、後世の密教と通ずるところがあります。また『法華経』は『華厳経』とも相通ずるところがあると思われます。というのは、『華厳経』も『阿弥陀経』のように娑婆世界を超えた所に仏を求めるのではなくて、娑婆世界の中で仏と人間が一つに溶け合っているありさまを説いているからです。

七世紀頃の編纂といわれる『大日経』や『金剛頂経』によってインドの仏教タントリズム（密教）が確立するのですが、これらの経典の主尊は大日如来（ヴァイローチャナ）です。この仏は奈良東大寺の主尊といわれる毘盧遮那《びるしゃな》（ヴァイローチャナ）の密教的に発展したすがたといわれています。大日如来は密教の歴史において中心的な仏であり、すでに見たように金剛界マンダラなどの中尊として活躍します。

ところで、大日如来の住む金剛界マンダラがもしも大日如来の国土であるか、あるいはその図であるとするならば、マンダラと娑婆世界との違いが大日の国土と釈迦牟尼の国土の違いとなります。マンダラは単に紙に描かれた絵でないことは明らかです。それは娑婆世界に生きる者たち、つまりわれわれが見たり、その中に入っていくことのできる世界ではありますが、娑婆世界そのものではない聖なる世界なのです。

娑婆世界の仏は釈迦牟尼です。一つの仏国土には一人の仏のみが住むというのが仏教の伝統です。もしも大日如来がこの娑婆世界の仏であるというならば、大日如来と釈迦牟尼とはまったく同一となります。しかし、二人の仏がまったく同一でないことは明らかであり、大日如来と釈迦牟尼とが、どのような関係にあるのかは従来議論の対象となってきました。「一異が問題となるほどには異なる」二人の仏をなぜ登場させねばならなかったのでしょうか。

釈迦牟尼と阿弥陀仏の違いは、それほど複雑ではありません。つまり、釈迦牟尼の国土（娑婆世界）と阿弥陀仏の国土（極楽浄土）とは遠く離れています。二つの国土の距離は「死」の距離です。というのは、少なくとも初期浄土経典によれば、極楽浄土には「死後に生まれる」のですから。生者の国と死者の国の間の距離はどのような大きな単位を用いて形容しようとしても表せないほどに長いものです。

一方、釈迦牟尼と大日如来の違いは、釈迦牟尼と阿弥陀仏の違いよりも複雑に思えます。というのは、大日如来の住む国土は釈迦牟尼の住む娑婆世界と異なってはいるのですが、阿弥陀仏の国土のように娑婆世界から遠く離れているわけではありません。かといって、娑婆世界とまったく同一というわけではありません。

大乗仏教における阿弥陀信仰と大日信仰との差異は、浄土教と密教との違いではあるということはできるでしょう。この時点で指摘できることは、阿弥陀の国土と釈迦牟尼の国土である娑婆世界との「距離」は、大日如来の国土と娑婆世界とのそれよりもはるかに大きいということです。

阿弥陀信仰においては娑婆世界と浄土との間になぜそのような遠い距離を置かねばならなかったのか。一方、特に密教において娑婆世界と大日如来との距離は少なくとも娑婆世界と極楽浄土よりは近いのですが、それはなぜなのかという疑問が生まれます。

阿弥陀信仰はバクティであり、大日如来はヨーガによって瞑想されるからそのような違いが生まれたということはできません。少なくともインドの阿弥陀信仰にあってはヨーガも用いられました。さらに、密教にあっては大日如来にたいするバクティも見られるからです。極楽浄土に住む阿弥陀への信仰と密教における大日如来への信仰の違いは、実践者が自己および世界に対してどのような態度を採るかによって決まると思われます。つまり、実践者が自己否定の契機と世界からの遠心的ベクトルを重視する場合には阿弥陀への信仰を有するようになり、自己肯定の契機と世界への求心的ベクトルを重視する場合には大日如来への信仰を有するようになると思われます。前者にあっては自己を投げ捨てるかたちのバクティが顕著に見られ、後者にあっては神と一体になるヨーガが主要な実践方法となります。

七世紀頃に確立した密教は、娑婆世界を否定してから他の世界に出ていこうとするのではなくて、今の自分たちのいる世界を聖化しようとしました。B点に至った、あるいは悟りの体験を得た人々が、自分のヴィジョンを図に描いたのがマンダラであります。つまりBに至った人が、その時の体験を持つことによって、聖なるものの力を得て、それによって世界を見て、その世界を浄化した、あるいは聖化した世界を描いたのがマンダラなのです。しかし、それぞれのマンダラに描かれた仏国土と娑婆世界との「距離」はマンダラ自体の中からは読み取ることはできません。

すでに述べたように（一一六頁参照）マンダラには少なくとも三つの要素が必要です。一つは大日如来などの尊格です。第二に、これらの尊格の住む場としての宮殿です。さらにこのコンプレックスに対して修行者が何らかの行為をしなければなりません。というのは、マンダラはわれわれがその中に住むべき世界であるからです。

われわれが住むべき世界であるならば、当然そこでわれわれは死んでいくはずです。しかし、死という問題は、マンダラには明確には入ってきません。マンダラのなかに死はないのです。いわゆる鬼門もありません。マンダラを一日に例えると、東は朝の色である故に青色に塗られています。南は昼ですから黄色です。西は夕方であるゆえに赤色です。これは阿弥陀の色です。北は夜で緑です。朝がきて、昼になり、夕方になり、夜がきます。そしてまた朝がくる。この円環運動のくり返しです。つまり、世界は再生するものと考えられているのです。マンダラの世界から抜け出すべきだとは、マンダラの伝統は主張しません。マンダラが身体であるとか、世界であるとかいわれます。ただ、身体なり娑婆世界から抜けるべきだ、あるいは脱するべきだということは密教ではほとんど考えられないのです。

ブッダのすがたがさまざまに変容していったことは、大乗仏教における浄土教から密教への仏教史の歩みを映しているといえるでしょう。さらに、それは、「聖なるもの」としてのブッダが死をすくい取る存在となり、さらに世界を聖化する存在となったことを表していると考えられます。

ヨーガという方法の変容

ヨーガは仏教においてもヒンドゥー教においてもいくつかの階梯を踏む実践として理解することができます。それらの階梯とは、（一）調息（息の調整）、（二）制感（対象から心を引き離し、心を統御すること）、（三）止（心を集中させる対象を決め、そこに心を止めること）および（四）観（その決められた対象に心を集中させること）です。ヨーガとは基本的に「心の作用の統御（ニローダ）」を追求する方法あるいは行為であります。したがって、仏教の大前提である「業と煩悩をなくすこと」に対してヨーガという方法は有効です。しかし、仏教の誕生以前にすでに存在していたと考えられるヨーガは、業と煩悩をなくすことを目指していたものではありません。

初期仏教における「弾定《ぜんじょう》」などのいわゆるヨーガは煩悩等の止滅を目指していたようではありますが、それは仏教が「俗なるものの否定」を基本的態度としているからです。例えば、

「色は我ではない」（あるいは、色に我がない）、「受は我ではない」というように五蘊《ごうん》のいずれも我ではない（あるいは我がない）と理解していくことがヨーガの実習を通じてなされることはあったとしても、「五蘊それぞれが我ではない」という考えは、ヨーガとは元来は無関係のものです。ヨーガは方法、態度であって独自の考え方を有した思想ではないからです。

わたしは宗教を「俗なるもの」と「聖なるもの」との区別を意識した合目的的行為の形態である、と考えます。また、宗教的行為を悟り、救いなどの個々人の精神的至福を求める個人的宗教行為と、諏訪大社の御柱祭、愛知県国府宮のはだか祭り、葬儀などの集団的宗教行為との二種に一応理論的に分類します。「一応理論的に」とことわったのは、その二種の宗教行為は実際には組み合わさっていることが多いからです。

さて、ヨーガはほとんどの場合、個人的宗教行為として実践されます。個人的宗教行為にあって煩悩などの「俗なるもの」は「不浄なるもの」として否定されますが、その「俗なるもの」を否定する行為がヨーガを通して行われることが多いのです。坐禅において煩悩などが否定されることはその一例でありましょう。

しかし、「俗なるもの」の否定は常にヨーガという方法を通じてなされるわけではありません。例えば、浄土真宗の阿弥陀信仰における「俗なるもの」の否定としての「はからいを捨てること」はヨーガを通じてはなされません。

初期大乗仏教においてヨーガは新しい対象を与えられます。それは「仏を見ること」（見仏）です。すなわち、仏滅後かなりの時間が経ち、誰もがシャカ族の太子であったゴータマの肉体そのものは存在しないことを知っているという前提のもとに、まるで生きているかのような仏を眼前に見ることです。これはヨーガのタスクとしてはふさわしいものでした。というのは、ヨーガが最終的に目指すことは「心が対象そのものとなる」という三昧の状態に至ることです。見仏にあって心は仏そのものとなるという三昧の状態にあるのです。

もっとも仏を眼前に見るという体験は常にヨーガの実習の成果というわけではありません。ヨーガなどまったく実習したことのない者が眼前にありありと仏あるいは神を見たことはしばしば報告されていることです。しかし、師に就いて順を踏んで実習すれば、特別の資質のない者でも目指す境地に至ることができるというのが、ヨーガのありかたです。つまり、ヨーガは普遍的な方法であると考えられてきたのです。

世親《せしん》に帰せられる『浄土論』においては、浄土の在り方を見るために止（シャマタ）と観（ヴィパシュヤナー）が実習されるとあります（『無量寿経優婆提舎願生偈』『真宗聖教全書』（真宗聖教全書編纂所編）大八木興文堂、一九八五年（再版）、第一巻、二七七頁）。ここでは明らかに浄土を見ることはヨーガという方法を通じてなされると考えられています。しかし、『浄土論』に述べられた浄土を見る方法が、後世、どのように実習され、またどのように受け継がれていったのかについて知るための資料はほとんど残されていないようです。『浄土論』については数多くの注釈書が書かれましたが、それらには浄土を見るためのヨーガの実際的な説明、つまり精神生理学的説明は見られないと思われます。

もっとも浄土信仰あるいは阿弥陀信仰にとって見仏の実習は必要条件ではありませんし、今日の真宗の信仰にあっては薦められることではありません。ただここでわたしが指摘したいのは、インド大乗仏教の歴史において仏国土あるいは仏を眼前にありありと見るという行為はかなり重要なものであり、さらにそれはヨーガによってなされたということです（見仏にかんしては立川武蔵『仏とは何か――ブッディスト・セオロジーIII』一六九～一七四頁参照）。

見仏の思想あるいは行法には、後世の密教における観想法（サーダナ）との類似点があります。見仏の実習において心作用は止滅に導かれるというよりもむしろ心作用を活性化させます。観想法に用いられるヨーガは、古典ヨーガにおけるように心の作用を止滅させるように向かうのではなくて、心を「凝らせ」さらに強く鋭くする方向へと向かいます（観想法にかんしては、立川武蔵『マンダラ瞑想法』角川書店、一九九七年、一九四―二〇九頁を参照）。

このように初期大乗仏教における見仏を始めとして後期密教における観想法に至る一連の行法は、ヨーガという方法を用いているのですが、見仏と帰依（バクティ）とは次の一点において関係します。つまり、ペルソナ（人格）を有する尊格との「交わり」を必要とする帰依にあっては、眼前に仏を見ることは仏との「交わり」をより確実なものにするからです。

七世紀頃の『秘密集会タントラ』、さらには八、九世紀の『勝楽《しょうらく》タントラ』などではブッダは多面多臂であり、しかも妃と交わった姿で述べられています。さらに後世には、水牛の面を有する仏（ヴァジュラ・バイラヴァ）が登場します。このブッダはチベット仏教、特にツォンカパの開いたゲルク派において重視されます。ツォンカパは特に文殊菩薩を信仰していましたが、この菩薩の怒った姿（忿怒相）がヴァジュラ・バイラヴァだからです。

このように、仏塔あるいは法輪などのシンボルによって象徴されていたブッダは、やがて人間の姿で表されるようになりました。はじめはそのすがたは俗世間を離れた比丘の姿（如来形）でありましたが、やがて着飾った菩薩の姿（菩薩形）で表されるようになりました。さらに後世となると、ブッダは妃を伴う多面多臂という異形の姿で表現されるようになり、動物の面を有するブッダも登場したのです。

ようするに、はじめにシンボルによって表され、次に普通の人間の姿で表され、そして普通の人間を超えた異形の者として、さらには動物の面を有する存在として表現されるようになったのです。このようなブッダのイメージの変容は、ブッダと人間との「距離」をどのように考えるのかという問題と関係します。つまり、普通の人間の姿で表現されていた者が多面多臂の姿あるいは動物の面を有する者へというように、イメージの観点からいえば、普通の人間の姿から人間を離れた姿へという方向が認められます。しかし、業と煩悩を断ち切り涅槃に至ったブッダと輪廻の世界に埋没し続ける人間との「距離」はむしろ縮小されています。というのは、初期仏教あるいは初期大乗仏教において世間を超越していたブッダは、密教にあっては世間へと降りてきているからです。

初期マトゥラー美術におけるブッダのイメージと後期密教の秘密仏ヘールカとの図像学的な差異は大きなものですが、ヘールカたちの姿の異様さにもかかわらず、その異形の仏と行者との「距離」は、『阿弥陀経』における阿弥陀仏と浄土を見ようとする仏弟子とのそれよりもはるかに近いと思われます。というのは、阿弥陀仏を見ることはあってもこの仏と一体になることはありませんが、密教において実践される観想法（サーダナ）にあっては、行者とヘールカとは一体となるからです。ヘールカたちの姿の異様さは、行者たちに畏怖の念を起こすでしょうが、その姿の異様さの故に行者たちがヘールカたちを敬遠することはありません。行者にはヘールカに対する帰依あるいはバクティがあるからです。

観想法は、ほとんどの場合、ヨーガとバクティとが総合された行法であります。つまり、行者は自分が一体となろうと決めた尊格に対してバクティを有しているのが一般的であり、その尊格の姿に心をまず置き、そして「彼の心はどこまでものびて行ってヨーガの対象になりきる」といわれる三昧の境地に至るのです。

このようなヘールカと行者との「距離」の近さは、ヘールカと呼ばれるブッダたちの国土が極楽浄土のようにはこの娑婆世界から遠く離れていないことと関係しています。つまり、密教の仏たちの国土はほとんどの場合、この娑婆世界であり、さらには行者ひとりひとりの中にあると考えられているのです。

バクティにおける自己

バクティという形の崇拝においては、ヨーガにおけるよりもいっそう強く自己あるいは自己意識が問題となります。最終的境地に至ったときには「自己」という意識はなくなるのですが、その最終的な境地に至るまではともかく実践者はほとんど常に自己という場面において仏と「交わり」を持とうとします。「交わり」を有するためには必ず相手が必要となります。そもそも自己が成立するために自己は自己を意識していなければなりません。自己と「交わり」の対象としての仏との区別、あるいは自己とその自己を見る自己との区別が、バクティにおいては重要となります。バクティにおける「交わり」には、人から仏へという方向を有するベクトル（方向量）と仏から人へという方向を有するそれとの二つが存在します。つまり、「俗なるもの」から「聖なるもの」へという方向を有するベクトルと「聖なるもの」から「俗なるもの」

へという方向を有するそれとであります。この二種のベクトルのあり方をＡＢＣの図において見てきました。

密教の特殊な実践は別として、バクティにおいて人は「聖なるもの」である仏の前で否定さるべき「俗なるもの」として立ちます。もっとも否定さるべき程度あるいは「度」はそれぞれの実践あるいは儀礼において異なります。しかし、バクティという信仰形態はほとんど常に自己のいる場とそれとは異なった立場にあるもの、例えば阿弥陀仏との間の「距離」を意識しています。

われわれは人間を超越する神的存在を必要としませんし、仏教の経典はそのような超越的な「聖なるもの」の実在性を述べてはいません。またそのような外的実在としての阿弥陀仏あるいは大日如来の存在はどこに求めても得られないでしょう。

釈迦牟尼に対する崇拝はヨーガあるいはバクティを通じてより豊かな構造を有するようになります。釈迦牟尼は行者あるいは信徒の信仰の起点でありますが、この起点に立った行者たちは自身の信仰の歩みの方向を展望し、その方向に釈迦牟尼の「変身」を思い描きます。例えば、浄土信仰にあっては、娑婆世界を越えた場に浄土教的解釈である釈迦牟尼像つまり阿弥陀仏を自らの「交わり」の相手として見ます。

「俗なるもの」としての人間と「聖なるもの」としての仏の「交わり」が仏教の実践あるいは信仰に他なりませんが、この場合の行者の「交わり」の相手は、一人の仏ではなくて、阿弥陀仏と釈迦牟尼というように複数の仏なのです。阿弥陀仏から釈迦牟尼へ、あるいは釈迦牟尼から阿弥陀仏へというような方向を有するベクトル全体が「交わり」の相手とも考えられます。

またそのようなベクトル全体が一人の仏であるとも考えられます。このようなベクトルの考え方は大日如来などの仏の場合も同様に考えられます。すなわち、阿弥陀仏、大日如来さらに釈迦牟尼は一人のブッダの三つの側面なのだと思われます。信徒は宗教実践の場において、多くの場合、そのような一人のブッダの前に立っています。

あとがき

二一世紀になって人類は新しい時代に入ったと思う。その時代はけっして希望に満ちたものではない。まかり間違えば、人間たちは後戻りできない状況に引きずり込まれる危険さえある。核の脅威、人口増加、環境汚染、水不足、異常気象、グローバルな不況、いずれをとってもその解決は絶望的に難しい。

本書はそのような状況に対して、仏教は何を提示できるのか、という問いを扱おうとしてきた。「マンダラと浄土」というサブタイトルは抹香臭い、と人は思うかもしれない。しかし、今は、仏教がこれまで提示してきたものをあらためて見る時なのだ。

マンダラの伝統は、われわれの住む世界を聖化してきた。一方、浄土はわれわれの運命である死を浄化する。マンダラと浄土とは、生命活動の行われる聖なる場（世界）とその活動が終った時に赴く浄なる場である。ようするに、あるべき生と死なのである。

すべての仏には自分の国土があるが、ひとつの国土には一人の仏しか住めない。娑婆（サバー）とはわれわれの住むこの世界だが、この国土の仏は釈迦牟尼仏である。一方、阿弥陀仏はこの娑婆世界を遠く離れた極楽浄土に住む。極楽浄土は『阿弥陀経』などによれば、見ることができるが、そこに生まれるためには死ななくてはならない。娑婆と極楽とを引き離しているものは、死だ。

ゴータマ・ブッダの問題は、死ななくてはならない人間は死に対してどのように対処すべきか、であった。極楽浄土に住む阿弥陀仏の出現は、初期大乗仏教における「死の問題」に対するひとつの回答であった。しかし、その後のインド大乗仏教の歴史では、娑婆世界から遠く離れた浄土は娑婆との距離を徐々に縮めていった。やがて、密教の仏たちの仏国土はこの娑婆世界に他ならないと考えられるようになった。金剛界マンダラは大日如来たちが住む宮殿を示しているが、このマンダラは聖化された娑婆世界を映している。このように仏はこの世界に住むとともに、この世界を超えた所にも住む。仏はマンダラと浄土に住まれている。

仏教が核爆弾、人口問題、環境汚染などの問題に対して具体的戦略的な解決法を提示できるというわけではない。だが、仏教はその全歴史を通じて、自己否定つまりウェーバーのいう「否定的倫理」の重要性を主張した。自分が生きる世界の否定もここにいう自己否定に含まれる。すなわち、仏教は個人と社会全体とを「俗なるもの」と捉えて、その「俗なるもの」のよみがえりのためにはそれを一度は否定の網にかけねばならない。つまり、仏教は人間たちに「むさぼるな」と教えている。人類が生き延びる方法、それは「むさぼらないこと」につきる。仏とはむさぼらない生の具現である。そのような生き方こそ今、求められている。

本書がわたし自身と他のひとびとの「むさぼらない生き方」にすこしの役にでもたてばと祈る。

せりか書房の船橋純一郎氏にはわたしの原稿提出を辛抱強く待っていただき、さらに適切な助言をいただいた。厚く御礼申し上げたい。また、日本写真家協会会員横田憲治氏（口絵1、Ⅰ－4、Ⅰ－19、Ⅰ－20、Ⅱ－15、Ⅱ－20）、康浩郎氏（パトリア、Ⅰ－21）には写真を提供していただいた。ここに記して謝意を表したい。

二〇一一年九月

著者記

第三章

第二章

写真・図版一覧

口絵

第一章

マ行

ヤ行

ラ行

タ行

ナ行

ハ行

サ行

索引

仏はどこにいるのか——マンダラと浄土

2011年11月15日　第1刷発行

著者　立川武蔵
発行者　船橋純一郎
発行所　株式会社せりか書房
東京都千代田区猿楽町1-3-11 大津ビル1F
電話 03-3291-4676　振替 00150-6-143601
http://www.serica.co.jp/
装幀　川畑直道
印刷　大日本印刷株式会社

ISBN978-4-7967-0307-9